2
Immer in Kontakt
So klappt's von Anfang an

- 42 Das Wesen der Katze entdecken
- 43 Katzen unter sich
- 43 Benimm-Check
- 45 Die Sprache der Katzen
- 45 Die Körpersprache
- 47 Die Lautsprache
- 48 Die Duftsprache
- 49 Katzen-Versteher-Test
- 50 Eingewöhnung
- 51 Eltern-Tipp: So klappt's von Anfang an
- 52 Goldene Regeln für die Eingewöhnung
- 52 Wichtig: Nur unter Aufsicht
- 54 Auf Entdeckertour: Im neuen Revier
- 56 Wenn Probleme auftauchen
- 58 Warum so aggressiv?
- 58 Zusatzwissen: Erbliche Einflüsse
- 59 Anrüchige Hinterlassenschaften
- 60 Eltern-Tipp: Sonderaufgabe
- 61 Alles klar?

3
Tigers Traum vom Wohnen
Ein Revier zum Wohlfühlen

- 64 Die Grundausstattung
- 66 Das ideale Katzenrevier
- 67 Wohnungs-Check
- 68 Freiluftkurort Balkon
- 69 Frischluft am Fenster
- 69 Gefahren-Check
- 70 Auf einen Blick: Pflanzen, die Katzen besonders mögen
- 73 Das Katzen-Freigehege
- 74 Kätzchen als Mitbewohner
- 75 Eltern-Tipp: Hüter der Spielkiste
- 76 Auf Entdeckertour: Rund ums neue Heim
- 78 Wohlfühl-Ambiente

4
Lecker und nahrhaft
Das schmeckt den kleinen Tigern

- 82 Ohne Fleisch geht gar nichts
- 82 Was die Natur zu bieten hat
- 84 Richtige Ernährung leicht gemacht
- 84 Die Nahrungsbausteine
- 86 Besondere Bedürfnisse
- 87 Gesunde Katzenernährung
- 87 Zusatzwissen: Was enthält das Fertigfutter?
- 88 **Auf einen Blick: Lieblingsfutter**
- 90 Leckerli-Check
- 91 Futter selbst zubereiten
- 91 Eltern-Tipp: Bastelspaß
- 92 **Auf Entdeckertour: Rund ums Futtern**
- 94 Die tägliche Futterroutine
- 96 Wenn es beim Futtern Probleme gibt
- 96 Schonkost fürs Kätzchen
- 97 Allzu rund ist ungesund

5
Gesund und gepflegt
So geht's dem Kätzchen gut

- 100 Körperpflege
- 101 Schönes Fell – tipptopp gepflegt
- 101 Wohlfühl-Check
- 102 Eltern-Tipp: Aufgaben für Kinder
- 103 Waffenpflege ist Chefsache
- 103 Dürfen Kätzchen baden?
- 104 Wichtige Pflege-Handgriffe
- 106 Krankheiten
- 106 Krankheitsanzeichen
- 107 Infektionskrankheiten
- 107 Tierarzt-Check
- 109 Tabelle: Impfplan
- 110 Keine Chance für Parasiten
- 112 Patient Kätzchen
- 114 Warum Kastration sinnvoll ist
- 116 Was kann die sanfte Medizin?
- 118 **Auf einen Blick: Eine gut sortierte Hausapotheke**

6
Bei uns ist alles paletti
Damit alle zufrieden sind

- 122 Erziehungskurs für »Superkatzen«
- 122 Wie die Erziehung zum Erfolgsrezept wird
- 123 Das Benimm-Repertoire
- 126 Verbote und wie man sie durchsetzt
- 127 Angebots-Check
- 128 Keine Zeit für Langeweile
- 128 Anregung ist wichtig
- 129 Test: Schmuser oder Spielteufelchen?
- 130 **Auf einen Blick: Spielzeug, das fordert und fördert**
- 132 Spiele, die Kätzchen lieben
- 133 Gemeinsam spielen
- 134 Eltern-Tipp: Das Katzenspiel
- 134 Vorlieben und Abneigungen
- 136 **Auf Entdeckertour: Rund ums Spielen**

Zum Nachschlagen

- 138 Register
- 141 Adressen und Literatur
- 144 Der Fotograf
- 144 Impressum

DIE GU-QUALITÄTS-GARANTIE

Wir möchten Ihnen mit den Informationen und Anregungen in diesem Buch das Leben erleichtern und Sie inspirieren, Neues auszuprobieren. Bei jedem unserer Produkte achten wir auf Aktualität und stellen höchste Ansprüche an Inhalt, Optik und Ausstattung. Alle Informationen werden von unseren Autoren und unserer Fachredaktion sorgfältig ausgewählt und mehrfach geprüft. Deshalb bieten wir Ihnen eine 100 %ige Qualitätsgarantie.

Darauf können Sie sich verlassen:
Wir legen Wert auf artgerechte Tierhaltung und stellen das Wohl des Tieres an erste Stelle. Wir garantieren, dass:
- alle Anleitungen und Tipps von Experten in der Praxis geprüft und
- durch klar verständliche Texte und Illustrationen einfach umsetzbar sind.

Wir möchten für Sie immer besser werden:
Sollten wir mit diesem Buch Ihre Erwartungen nicht erfüllen, lassen Sie es uns bitte wissen! Wir tauschen Ihr Buch jederzeit gegen ein gleichwertiges zum gleichen oder ähnlichen Thema um. Nehmen Sie einfach Kontakt zu unserem Leserservice auf. Die Kontaktdaten unseres Leserservice finden Sie am Ende dieses Buches.

GRÄFE UND UNZER VERLAG
Der erste Ratgeberverlag – seit 1722.

QUICKSTART INS GLÜCK

Ein Kätzchen soll es sein? Oder sogar zwei? Auf den nächsten Seiten können Sie sich einen Überblick darüber verschaffen, was die Samtpfötchen brauchen, ob und wie sie in Ihr Leben passen und was Sie unbedingt über den Umgang mit den Minitigern wissen sollten, damit sich alle miteinander wohlfühlen.

QUICKSTART

Kätzchen-Infos im Überblick

Was ein Kätzchen von Ihnen erwartet:
1. Toleranz für seinen Eigensinn
2. Beständigkeit und regelmäßige Fürsorge
3. Umsicht, damit es nicht in Gefahr gerät
4. Nachsicht mit seinem Übermut
5. Anregung, damit es nicht langweilig wird

Steckbrief
Größe und Gewicht: Körperlänge von Kopf bis Rumpf ca. 55 bis 60 cm, Schwanzlänge ca. 27 cm, 4,5 bis 6 kg (Durchschnittswerte)
Körpertemperatur: 38 bis 39 °C
Lebenserwartung: 12 bis 15 Jahre, auch 20 Jahre und mehr sind keine Seltenheit.
Ernährung: Fleischfresser
▶ Seite 82

Passt ein Kätzchen zu meinem Kind?
Kinder lieben Kätzchen – und umgekehrt. Die Voraussetzungen für eine Freundschaft zwischen beiden sind bestens, wenn Ihr Kind in der Lage ist, behutsam, geduldig und verständnisvoll mit dem kleinen Vierbeiner umzugehen. Aber auch Ihnen als Eltern muss der Minitiger als Familienmitglied willkommen sein: Schließlich sind Sie Vorbild für den Umgang mit ihm und tragen ohnehin die Hauptverantwortung für das Tier.

Eltern-TIPP

Freundschaft schließen
Ein Kätzchen, das in seiner Prägephase (3. bis 7. Lebenswoche) bereits gute Erfahrungen mit Kindern machen konnte, freundet sich wesentlich leichter mit jungen Zweibeinern an als etwa ein scheues Bauernhof-Kätzchen. Vielleicht können Sie Ihren zukünftigen Mitbewohner auch während dieser Zeit zusammen mit Ihrem Kind besuchen.

QUICKSTART

Dos

1. Pünktliche Mahlzeiten, regelmäßige Spielzeiten und wiederkehrende kleine Wohlfühl-Rituale schaffen Vertrauen.
2. Beim ersten Treffen: Halten Sie sich zurück und lassen Sie das Tier die ersten Schritte zur Kontaktaufnahme selbst tun.
3. Sprechen Sie Ihr Kätzchen bei jeder Begegnung mit ruhiger Stimme an und halten Sie ihm vor dem Streicheln die Hand zum Beschnuppern hin.
4. Sorgen Sie für Rückzugsmöglichkeiten und sichere, ungestörte Schlaf- und Döseplätze.
5. Bleiben Sie beim Spiel mit dem Kätzchen ruhig auf dem Boden. Auf gleicher Augenhöhe macht das Mitspielen dem kleinen Tiger noch mehr Spaß.

Don'ts

1. Nehmen Sie das Kätzchen nicht unvermittelt hoch. Überraschende Zugriffe von oben lösen uralte Ängste aus: So packen Beutegreifer zu.
2. Nehmen Sie keine großen Möbelumstellungen und Renovierungen in Kätzchens Eingewöhnungszeit vor!
3. Fernseher, Radio und Musik bitte nur in Zimmerlautstärke! Unter Katzen wird es nur dann laut, wenn die Situation bedrohlich wird.
4. Abrupte Bewegungen, Gepolter und Hektik verstören ein Kätzchen. Nur wenn Gefahr droht, geht es bei Katzen hektisch zu.
5. Bitte nicht anstarren! Penetrantes Starren bedeutet in der Katzenwelt Herausforderung.

Bitte nicht stören! Kätzchen brauchen ihre Ruhephasen, um zu regenerieren.

Persönlichkeitsrechte

Ein Kätzchen, das mit 12 bis 16 Wochen zu Ihnen kommt, ist kein unbeschriebenes Blatt mehr, sondern eine kleine, gut ausgebildete Persönlichkeit. Samtpfötchen hat in seiner Kinderstube bereits eine umfassende Erziehung genossen, ist in aller Regel stubenrein und hat bei Mama und Geschwistern den »Katzenknigge« gelernt. Wenn Sie dessen wichtigste Regeln beachten, achten Sie auch die Persönlichkeitsrechte Ihrer Katze. Und nichts fördert das gegenseitige Verstehen und Vertrauen mehr ...
▶ **Seite 43**

Kätzchen und Hund

Hat ein Kätzchen noch keine positiven Erfahrungen mit Hunden gemacht, kann es wegen der unterschiedlichen »Sprachen« zu Missverständnissen kommen. Also erst einmal vorsichtig vermitteln und beide anfangs vielleicht getrennt halten. Beim ersten Zusammentreffen auf jeden Fall dafür sorgen, dass das Kätzchen eine sichere Rückzugsmöglichkeit hat. Verlegen Sie auch seinen Futterplatz in einen für den Hund unzugänglichen Bereich, damit es in Ruhe fressen kann. Der Hund muss lernen, die kleine Katze als Familienmitglied auch anzuerkennen. ▶ **Seite 52**

Kätzchen und andere Tiere

Es gibt schon andere Tiere im Haushalt? Für ein liebevoll aufgezogenes Kätzchen kein Problem. Aber einiges muss der Mensch als diplomatischer Vermittler beachten. Sie möchten Ihrer erwachsenen Katze ein Kätzchen dazugesellen? In der Regel gewöhnt sich die alteingesessene Katze schnell an den Neuzugang. Vor allem dann, wenn nicht allzu viel Wirbel um das Kätzchen gemacht wird.

Katze, Nager und Vögel

Mäuse, Zwergkaninchen oder Hamster passen ins Beuteschema der Katze. Sie bleiben besser im Schutz ihres Käfigs, wenn der kleine Tiger im Raum ist. Für viele Vögel bedeutet schon die Anwesenheit einer Katze im Zimmer puren Stress. Verbannen Sie den Minitiger also zumindest während der Freiflugzeiten aus dem Zimmer.

Welche Kosten fallen an?

Wenn Sie sich für ein Kätzchen entschieden haben, sollten Sie sich darüber klar sein, dass regelmäßige Kosten anfallen. Womit Sie rechnen müssen:

1. Anschaffungspreis für das Kätzchen
2. Grundausstattung (zum Beispiel für Futter- und Wassernapf, Katzenklo, Kuschelhöhle, Kratzbaum, Transportbox)
3. Sicherungsmaßnahmen (Katzennetz für den Balkon, Fenstersicherung)
4. Futter (Grundversorgung und Leckerlis)
5. Streu (fürs Katzenklo)
6. Tierarztkosten (Impfungen und im Krankheitsfall)
7. Betreuung (zum Beispiel durch einen Catsitter)

Richtpreise

Anschaffung: Tierheime und Tierschutzorganisationen nehmen eine Schutzgebühr von ca. 100 €. Der Preis für ein Rassekätzchen vom Züchter kann durchaus vierstellig sein.

Grundausstattung: Je ein Napf für Trinkwasser, Nass- und Trockenfutter ab 4 €, Katzentoilette ab 10 €, Transportbox ab 15 €, Pflegeutensilien (Kamm, Bürste, Noppenhandschuh) je ab 3 €, Kratz- und Kletterbaum ab 80 €.

Futter und Streu: Qualitätsfutter, gelegentliche Leckerlis, Katzengras etwa 50 €/Monat, Streu etwa 10 €/Monat.

Tierarzt: Generaluntersuchung, Entwurmung, Impfung: ca. 80 €; Kastration: Katze ab 100 €, Kater ab 50 €; Chippen: ab 25 €.

Lohnt sich eine Tier-Krankenversicherung?

Sie kann hilfreich sein, ist jedoch relativ teuer (ab 30 €/Monat), und es gelten zahlreiche Einschränkungen: Leistungen für Kastration und Sterilisation sind ausgeschlossen, Vorsorgemaßnahmen oft ebenfalls, für ältere Tiere gelten hohe Selbstbeteiligungen. Alternative: Selbst Geld für notwendige Behandlungen ansparen. Einige Anbieter haben ab 10 €/Monat OP-Versicherungen im Programm, die Operationskosten infolge von Unfällen oder Krankheiten abdecken.

Kätzchens gut gefüttertes Sparschwein kommt in Notfällen gerade recht.

Ein Kätzchen ist das richtige Haustier für Sie, wenn …

- … Sie nicht nur an kleinen Katzen Interesse haben, sondern auch an erwachsenen.
- … Sie bereit sind für eine Langzeit-Beziehung mit allen Pflichten.
- … Sie sich täglich Zeit für Zuwendung nehmen können.
- … in Ihrer Familie alle mit dem neuen Hausgenossen einverstanden sind.
- … niemand im engeren Umfeld unter einer Katzenallergie leidet.
- … Sie starke Nerven haben – Katzenkinder sind quirlig.
- … Sie dem Tier sicheren Freilauf oder ein anregendes »Wohnungsrevier« bieten können.
- … Vermieter oder Hausverwaltung keine Einwände haben bzw. keine Verbote existieren.

Eltern-TIPP

Kids einbeziehen
Machen Sie das »Unternehmen Katzenkind« zur Familiensache, denn schließlich geht es um ein neues Familienmitglied. Beteiligen Sie Ihre Kinder also an den Vorbereitungen zum Einzug des kleinen Mitbewohners: zum Beispiel am Aussuchen von Futternäpfen, Katzentoilette und allem, was zur Grundausstattung gehört. Begabte Bastler dürfen selbst Katzenspielzeug anfertigen (nichts Spitzes, nichts Scharfkantiges und nichts, was das Kätzchen verschlucken könnte!), und vielleicht haben die Kids auch eine gute Idee für einen Katzennamen.

Geht gar nicht: die Reisetasche packen, wenn das Kätzchen gerade eingezogen ist.

Kätzchen und Urlaub

Sie wollen demnächst in Urlaub fahren? Wenn das Kätzchen gerade erst bei Ihnen eingezogen ist, ändern Sie Ihre Pläne besser und bleiben daheim, bis das Tier in seinem neuen Revier richtig heimisch geworden ist. Sie festigen so auch die gegenseitige Bindung. Im Übrigen gilt: Die wenigsten Katzen schätzen Urlaubsreisen. Sie fühlen sich am wohlsten, wenn sie in ihrer vertrauten Umgebung umsorgt und betreut werden. Kümmern Sie sich also beizeiten um einen vertrauenswürdigen Catsitter, den Ihr Kätzchen bereits vor Ihrer Abwesenheit kennengelernt hat!

Unterschiedliche Temperamente

Kein Kätzchen ist wie das andere. Genau wie wir Menschen sind Katzen Individualisten mit unterschiedlichen Temperamenten. Schon in der Katzen-Kinderstube sehen Sie, welches Tier zu den neugierigen Forschernaturen, zu den energiegeladenen Spielteufelchen oder zu den ruhigeren Kuschelkätzchen gehört. Welches passt am besten zu Ihnen und Ihrer Familie? Überlegen Sie dabei, was Sie dem kleinen Tiger zu bieten haben. Geht es zum Beispiel in Ihrer Familie eher turbulent zu, dann passt ein Kätzchen mit »starken Nerven« am besten zu Ihnen. ▶ Seite 129

Sind Sie ein Katzenmensch?

1. Gelassenheit gehört zu Ihrem Wesen?
2. Sie haben Freude an der Eigenwilligkeit der Tiere?
3. Sie sind gern zu Hause und schätzen einen geregelten Tagesablauf?
4. Sie leiden nicht unter chronischer Zeitknappheit?
5. Sie vermeiden Lärm und hören Musik in Zimmerlautstärke?
6. Sie sind keinesfalls ein Ordnungsfanatiker?
7. Ist die Katze krank, verzichten Sie auf eine Urlaubsreise?
8. Sie sind aufmerksam und umsichtig?

Wenn Sie alles guten Gewissens mit »Ja« beantworten können, hat Ihr Kätzchen seinen »Wunschmenschen« gefunden.

Eltern-TIPP

Katzen verstehen lernen – ein Kinderspiel

Was braucht ein Kätzchen, was hat es gern, und was mag es gar nicht? Gut, wenn Ihre Kinder vor dem Einzug der kleinen Samtpfote bereits darüber Bescheid wissen und die wichtigsten Signale der Katzensprache deuten können. Am besten Sie machen ein Spiel daraus und stellen Fragen und Antworten für ein mehrteiliges Katzenquiz zusammen. Das macht ein bisschen Mühe, lohnt sich aber: Nicht nur Ihre Kinder, sondern auch Sie selbst sind dadurch nämlich bestens auf Kätzchens Einzug vorbereitet.

QUICKSTART

Woher nehmen?

Wählen Sie Ihr Kätzchen dort aus, wo es mit Mutter und Geschwistern in harmonischem Kontakt zu Menschen lebt. Solch ein Tierchen ist positiv geprägt und fügt sich leicht in die neue Familie ein. Auch Tierheime oder Tierschutz-Organisationen vermitteln unter Umständen liebevoll aufgezogene Katzenkinder. Etwas komplizierter kann es mit Bauernhof-Kätzchen oder Streuner-Nachwuchs werden. Die Kleinen brauchen länger, um Vertrauen zu entwickeln, und als reine Wohnungskatzen sind sie in aller Regel nicht geeignet. Aber auch aus ihnen können liebevolle und geliebte Gefährten werden. Abzuraten ist vom Katzenkauf in Tierhandlungen, auf Straßenmärkten oder auf Katzenausstellungen.

WICHTIG

Kätzchen im Doppelpack
Warum nicht gleich zwei Kätzchen aus einem Wurf nehmen? Die machen nur wenig mehr Arbeit als eines, aber nahezu doppelt so viel Spaß. Und sie sind von Anfang an besser dran: Denn auch wenn die Zeit dafür reif ist, fällt die Trennung von Mutter und Wurfgeschwistern schwer. Mit einem vertrauten Kumpel an der Seite verkraften Kätzchen die Veränderung weitaus leichter. Langeweile hat keine Chance, auch wenn die Menschen sich nicht rund um die Uhr um die Samtpfoten kümmern können.

Wir machen alles zusammen: Hier gibt's Katzenmutterglück im Doppelpack.

Darauf bei der Auswahl achten

1. Die Tiere sind nicht menschenscheu.
2. Schlaf- und Futterplätze und die Katzentoiletten sind sauber.
3. Die Tiere sind frei von Parasiten.
4. Fell: duftig ohne Filz; Augen: klar und glänzend; Nase: leicht feucht, ohne Absonderungen; Ohren: sauber und geruchlos; Zähne: weiß; Zahnfleisch: rosa; Körper: straff mit weichem Bäuchlein und sauberer Afterregion.
5. Der Impfpass des Tieres weist einen lückenlosen Impfschutz auf.
6. Beim Züchter: Kaufvertrag, Papiere und ärztliche Gesundheitsbescheinigung.

QUICKSTART

Transport nach Hause

Fahrt: Für Kätzchens Reise in sein neues Zuhause ist ein Auto das beste Transportmittel. Das Kätzchen reist in der Transportbox und verlässt sie während der Fahrt nicht. Ein Kissen oder eine Decke sorgt für entsprechenden Komfort und ein Gegenstand aus dem alten Zuhause für Heimatduft.

Arbeitsteilung: Holen Sie das Kätzchen am besten zu zweit ab. So kann sich einer aufs Fahren konzentrieren und der andere auf den Passagier in der »Sänfte«.

Ablenkung: Manche schätzen ruhiges, freundliches Zureden, andere freuen sich über eine Spielrunde durchs Gitter. Nehmen Sie also einen Federwedel oder etwas Ähnliches zur Ablenkung mit. ▶ **Seite 64**

Ankunft daheim

Vorher: Wohnung vorbereiten und Gefahrenquellen entschärfen. Eventuell separaten Raum herrichten, zum Beispiel wenn andere Tiere im Haushalt leben oder bei Ihnen Trubel herrscht.

Bei Ankunft: Stellen Sie den Transportkorb in der Nähe der Katzentoilette ab. Das wird meist dankbar angenommen. Dann öffnen Sie den Korb und warten ab. Bleiben Sie ruhig, falls das Kätzchen gleich unter dem Schrank oder Sofa verschwindet. Es ist doch alles so aufregend!

Aneinander gewöhnen: Ein Wochenende oder besser noch ein paar Tage Urlaub zu Kätzchens Einzug sind eine ausgezeichnete Investition in die gemeinsame Zukunft. ▶ **Seite 69**

Die Decke aus dem alten Zuhause sorgt im neuen Revier für Geborgenheit.

Ein Stückchen Heimat

Sie machen Ihrem Kätzchen den Übergang leichter, wenn ein Stückchen »alte Heimat« mit auf die Reise ins neue Zuhause geht. Am allerbesten: Sie entscheiden sich gleich für zwei Wurfgeschwister. Aber auch dann ist es hilfreich, wenn Sie etwa eine alte Decke oder ein Spielzeug aus Kätzchens Kinderstube mitnehmen dürfen. Vertraute Gerüche beruhigen. Wenn möglich, »parken« Sie den offenen Transportkorb in der Kinderstube, sodass die ganze Katzenfamilie ihn ausgiebig beschnuppern kann. Und schon trägt er »Heimatgeruch«.

Hochheben

Katzenmütter dürfen ihre Kleinen am Nackenfell hochheben. Das Kätzchen nimmt dabei reflexartig eine Fötushaltung ein, zieht die Hinterbeine und den Schwanz eng an den Körper und bewegt sich nicht. Die Tragstarre erleichtert den Transport und schützt das Jungtier vor Verletzungen. Uns dagegen ist das verboten, weil wir das Kleine dabei verletzen können, beispielsweise mit einer Zerrung der Halsmuskeln. Und so nehmen Sie Ihr Kätzchen korrekt auf den Arm: Eine Hand umfasst den Brustkorb knapp unterhalb der Vorderbeine, die andere Hand stützt die Hinterläufe.

Festhalten

Eine Katze gegen ihren Willen festzuhalten, gehört zu den groben Verstößen gegen den »Katzenknigge«. Manchmal aber muss es sein – etwa wenn das Tier medizinisch behandelt werden muss. Drücken Sie in diesem Fall den Schulterbereich der Katze sanft, aber unnachgiebig gegen die Unterlage und halten Sie, wenn nötig, auch die Hinterpfoten fest.

Auf dem Arm tragen

Manche Katzen lassen sich gern in der Armbeuge herumtragen. Zur Sicherheit liegt eine Hand am Hinterteil des Tieres, die andere sanft auf seinem Rückenfell. Doch manche Katzen schätzen das Herumtragen ganz und gar nicht. Sobald das Kätzchen auf Ihrem Arm unruhig wird, setzen Sie es wieder vorsichtig auf alle vier Pfoten ab.

1

KLEINE
JÄGER GANZ
GROSS

Ihr Kätzchen soll sich rundum wohlfühlen. Dafür braucht es nicht nur das sprichwörtliche Dach über dem Kopf und den gefüllten Napf, sondern vor allem Ihr Verständnis. Das setzt eine gute Portion Katzenkenntnis voraus. Denn Kätzchens uralte Familiengeschichte hat großen Einfluss auf Charakter und Verhalten.

Die wilde Verwandtschaft

Auch das friedfertigste Kätzchen ist stets bereit zur Jagd. Kein Wunder, denn der Minitiger stammt aus einer Jäger-Dynastie: der Großfamilie Felidae. Die Familienähnlichkeit ist auch bei den Kleinen unverkennbar.

Familie *Felidae* (Katzenartige) besteht aus 38 Arten und teilt sich auf in Großkatzen wie Löwe, Tiger und Leopard, Kleinkatzen wie zum Beispiel Serval, Luchs, zahlreiche andere Wildkatzenarten und Geparde. Hervorragende Jäger sind sie alle. Und sie alle sind ohne Weiteres als Katzen erkennbar mit ihren geschmeidigen Körpern, kurzen Schnauzen, großen, nach vorn gerichteten Augen, beweglichen Ohrmuscheln und gut gepolsterten Pfoten, die lediglich beim Gepard nicht mit versenkbaren Krallen ausgestattet sind.

WIE DIE KATZE ZUM HAUSTIER WURDE

Die Verwandtschaft unserer Samtpfoten ist groß und weit verzweigt, ihre Ahnenreihe jedoch eng begrenzt: All unsere Stubentiger stammen nämlich von der **Nubischen Falbkatze** (*Felis silvestris lybica*) ab. Sie ist auch heute noch im größten Teil Afrikas zu Hause, auf der Arabischen Halbinsel und in Teilen Südwestasiens. Die Falbkatze ist sehr scheu, hält sich tagsüber versteckt und jagt im Schutz der Dunkelheit. Auf den ersten Blick sieht sie wie eine große getigerte Hauskatze aus. Wegen ihrer längeren und schlankeren Beine wirkt sie jedoch weniger gedrungen. Die Tigerstreifen im sandfarbenen Kurzhaarfell erscheinen meist etwas verwaschen, der Rücken ist dunkler gefärbt als die Flanken, und der Schwanz trägt – wie die Vorderbeine –

Eltern-TIPP

»Katzenzoo« Internet
Keine Gelegenheit, Katzen und ihre Verwandtschaft »live« zu beobachten? Gönnen Sie sich und Ihren Kindern gelegentlich einen virtuellen Katzen-Zoobesuch. Große, kleine, wilde und zahme, anonyme und prominente Katzen tummeln sich nur ein paar Mausclicks entfernt im Internet. Und falls Sie sich selbst nicht so gut auskennen: Die Kids wissen höchstwahrscheinlich, wo sie clicken müssen ...

Wie die Katze zum Haustier wurde

Gemeinsame Anfänge: Die Ahnen aller unserer Hauskatzen stammen aus dem Fruchtbaren Halbmond, wo auch die menschliche Zivilisation ihren Ursprung hat.

schwarze Ringe. Eine beträchtliche Anzahl der scheuen Schönen ist irgendwie und irgendwo dann doch mit dem Menschen in Kontakt gekommen. Forscher der US-Universität Oxford haben das »Wo« durch **Erbgutuntersuchungen** geklärt: im sogenannten Fruchtbaren Halbmond, der sich sichelförmig vom Niltal über die östlichen Mittelmeerländer bis hin zum Persischen Golf zieht.

Auch die menschliche Zivilisation hat in jenem Landstrich ihren Ursprung. Hier begannen die Menschen, Häuser zu bauen, Landwirtschaft zu betreiben und Vorräte anzulegen – und hatten dabei jede Menge hungriger Mäuse im Schlepptau. Das wiederum blieb den Falbkatzen nicht verborgen, womit sich auch das »Wie« erklären lässt. Einige von ihnen rückten näher an die menschlichen Siedlungen

Gleiche Ausstattung: Katzen sind fürs Jagdhandwerk ebenso gut ausgerüstet wie die großen wilden Verwandten.

heran, fingen fleißig Mäuse und wurden dafür von den Bauern geschätzt. Nach und nach richteten viele ihre Kinderstuben in Menschennähe ein. Langsam, aber stetig entwickelte sich gegenseitiges Verstehen. Spätestens vor 3500 Jahren war die Entwicklung zum Haustier abgeschlossen. Die Ägypter hatten zu dieser Zeit zum Schutz ihrer Getreidevorräte mit systematischer **Katzenzucht** begonnen und ein striktes Ausfuhrverbot für die Mausefänger verhängt. Ohne Erfolg: Auf Schiffen gelangten die Katzen nach und nach in die ganze Welt. Phönizier schmuggelten sie nach Italien, Gallien, Britannien und Griechenland, auf römischen Kriegs- und Handelsschiffen kamen sie nach Mitteleuropa.

Biologischer Steckbrief

Katzen sind von der Natur perfekt für die Jagd ausgestattet.
Skelett: Leicht, aber stabil. Superelastisches Rückgrat. Gut 500 frei bewegliche Muskeln und über 50 elastische Wirbel sorgen für maximale Beweglichkeit.
Fell: Schützt vor Verletzungen, UV-Strahlung, Regen. Prima Klimaanlage. Talgdrüsen sorgen für Glanz und Wetterfestigkeit und für einen Teil der Vitaminzufuhr.
Pfoten: Qualitätsturnschuhe für lautlose Fortbewegung und Waffenlager. Mit Binde- und Fettgewebe gut gepolstert und von Hornhaut geschützt. Je fünf Krallen an den Vorder- und vier an den Hinterpfoten stecken in Hauttaschen und werden bei Bedarf blitzschnell ausgefahren.
Zähne: Scherenförmiges Raubtiergebiss mit dolchartigen Fangzähnen zum Packen und Töten der Beute. Die Katze kaut ihre Nahrung nicht, sondern schneidet sie auseinander. Die winzigen Schneidezähnchen (auch Flohzähnchen genannt) dienen vorwiegend zur Fellpflege.

WIE VIEL WILDTIER STECKT IN DER HAUSKATZE?

Auch die mit feinstem Futter versorgte Katze lässt das Jagen nicht sein. Schließlich besitzen unsere Samtpfoten die gleichen Antriebe zur Beutejagd und die gleiche Ausstattung, die ihre Vorfahren und Verwandten zu so überaus erfolgreichen Jägern machen: das kraftvolle Gebiss, die

Wie viel Wildtier steckt in der Hauskatze?

scharfen Krallen, hellwache, hoch entwickelte Sinne und einen Bewegungsapparat, auf den sogar Artisten neidisch sein können. Für eine Katze, die Freilauf genießt, beginnt die Wildnis gleich vor der Haustür. In ihrem **Gartenrevier** ist sie nicht mehr der verschmuste Menschenliebling, sondern hoch konzentrierte Jagd-Expertin. Wie ihre wilden Verwandten patrouilliert sie durchs Terrain und demonstriert mit **Markierungen** (etwa durch Harnsprühen oder Kratzspuren) an verschiedenen Stellen ihren Besitzanspruch. Für einen guten Überblick sucht sie sich die besten Aussichtsplätze. Und sie beobachtet. Ganz geduldig, scheinbar absichtslos. Bis sie vielleicht ein besonderes Rascheln hört oder aus dem Augenwinkel eine Bewegung wahrnimmt. Dann sind alle Sinne auf Empfang geschaltet. Wenn es sein muss, harrt die **Jägerin** stundenlang in Lauerstellung aus. Ist aber der entscheidende Moment gekommen, setzt sie in Sekundenbruchteilen zum Beutesprung an und schlägt zu. **Und die Wohnungskatze?** Auch in unseren Etagentigern schlummert der Jagdtrieb der wilden Vorfahren und will von Zeit zu Zeit ausgelebt werden. Einerseits. Andererseits gilt: Innerhalb der vier Wände und im engen Kontakt mit uns Zweibeinern bleiben die Tiere Katzenkinder. Und die akzeptieren als Jagdrevier auch eine Art **Abenteuerspielplatz**: eine Wohnung, die Raum für Patrouillengänge bietet, erhöhte Aussichtsplätze, »Höhlen« zum Verstecken und Gelegenheiten zum Krallenwetzen. Als **Beute-Ersatz** muss Spielzeug dienen. Stoffmäuschen, Plüschbälle und allerlei Schnickschnack sind prima, am besten aber funktioniert solches Spielzeug, an dessen anderem Ende ein Mensch agiert, der zum Verfolgen und Erhaschen der »Beute« animiert. Regelmäßige **Spielzeiten** mit der Wohnungskatze schützen nicht nur den Stubentiger vor Langeweile, sie sind auch der beste Schutz vor unliebsamen Attacken auf nackte Menschenbeine. Katzen mit aufgestautem Jagdtrieb reagieren sich nämlich recht häufig auf diese Weise ab. Und Langeweile bringt sowieso nicht nur Zweibeiner auf ziemlich dumme Gedanken.

ZUSATZWISSEN

Das Spiel mit der Beute
Der Verhaltensforscher Paul Leyhausen hat bei seinen Beobachtungen drei Beutespiel-Stufen ausgemacht: Beim »gehemmten Spiel« tippt die Katze das Beutetier an, lässt es laufen und zögert, ehe sie erneut zuschlägt. Das Motiv dahinter: Angst – auch Mäuse können schließlich beißen. Das »Stauungsspiel« wird vor allem von Katzen ausgeführt, die lange Zeit keine Beute mehr gemacht haben: Der aufgestaute Trieb bricht sich Bahn. Das »Erleichterungsspiel« mit dem getöteten Beutetier gleicht einem wilden Tanz und dient dazu, die hochgradige Erregung, das »Jagdfieber«, abklingen zu lassen.

Vom Kätzchen zur Katze

Zwischen der 12. und der 16. Lebenswoche ist der beste Zeitpunkt für Kätzchens Umzug in seine neue Familie. Was eine Katze können muss, hat es bereits gelernt, aber erwachsen ist es noch lange nicht.

Ein Kätzchen kommt mit fest geschlossenen Augen zur Welt, kann kaum hören und hat nur ein dünnes Babyfell. Es erfasst seine Welt ausschließlich über Geruchs- und Tastsinn und kann sich nur kriechend fortbewegen. Dabei setzt es nur die rechten oder linken Gliedmaßen ein. So beschreibt es eine Spirale und kann sich nicht zu weit vom warmen Lager entfernen. Solange es seine Körpertemperatur nicht selbstständig aufrechterhalten kann, droht anderenfalls Unterkühlung. Mit ihrem hohen Fiepen lösen die Katzenkinder den mütterlichen Pflegetrieb aus. Die Katze legt sich zum Säugen auf die Seite, und die Kleinen finden krabbelnd zur Milchquelle. Kätzchen scheinen während der ersten beiden Wochen nur mit Trinken, Schlafen und Gewichtszunahme – täglich ca. 10 bis 15 Gramm – beschäftigt zu sein. Doch es tut sich viel mehr ...

DIE ENTWICKLUNG DER JUNGEN

Bereits in der ersten Woche lernen die Kleinen zu schnurren, und fauchen können sie auch. Nach ein paar Tagen öffnen sich die Augen und zeigen zunächst ein milchiges Blau, die Öhrchen richten sich auf. Die ersten Milchzähnchen erscheinen, und das Kätzchen lernt, seine Krallen ein- und auszufahren. Die Kleinen üben mit drei Wochen die allerersten Sprünge. **Mit vier Wochen** wagen sie kleine Ausflüge aus dem Nest, probieren die ersten Brocken Futter und bekommen von der Mama – falls sie Freiläuferin ist – die erste lebende Beute ins Nest getragen. Mit dem Nahrungswechsel wird auch die Benutzung der Katzentoilette fällig: Mutter zeigt, wie es geht. Von der fünften Woche an werden die Kätzchen seltener gestillt und

> **TIPP**
>
> **Trächtigkeit erkennen**
> Häufig gibt sich die Katze jetzt noch verschmuster und anhänglicher. Etwa in der vierten Woche färben sich die Zitzen rosa und sind leicht vergrößert. Ab der fünften Woche wird das Babybäuchlein immer besser sichtbar und von Woche zu Woche praller.

Die Entwicklung der Jungen

Gut behütet und bestens versorgt: Mama weiß genau, was Kätzchen brauchen.

Was ist da wohl drin? Kätzchen wollen jeden Hohlraum erforschen.

brauchen regelmäßig festes Futter. Sie springen und klettern immer mutiger, ihr Stellreflex, die Fähigkeit, auf die Füße zu fallen, ist voll ausgebildet.

Mit sechs Wochen haben sie ein komplettes Milchgebiss, betreiben Katzenwäsche wie die Großen und können die von der Mutter angeschleppte Beute selbst erlegen.

Mit acht Wochen ist ihre Körpertemperatur stabil, die Kätzchen sind von der Muttermilch entwöhnt und spielen mit allem, was ihnen in die Pfoten fällt. Langsam erscheint die bleibende Augenfarbe. Mit der Entwöhnung ist das Lernen im Familienverband nicht abgeschlossen. Im Spiel üben die Kleinen alle Verhaltensweisen der Großen ein. Und wie sie sich erwachsenen Katzen gegenüber zu verhalten haben, macht ihnen die Mama klar.

Prägung – ein wichtiges Zeitfenster: Von der dritten bis siebten Lebenswoche dauert die sogenannte »sensible Phase«, die Zeit der Prägung. Alle Erfahrungen, die ein Kätzchen innerhalb dieses Zeitraums macht, prägen seine Katzen-Persönlichkeit und sein Verhalten. **Positive Erfahrungen** schaffen Grundvertrauen, negative das Gegenteil. Umsichtige Katzenfreunde sorgen dafür, dass die kleinen Schützlinge so viele positive Erfahrungen wie möglich machen. Vor allem entscheidet sich in der Prägezeit, ob die Katze menschenscheu wird oder nicht. Ab dem Ende der dritten Woche ist nämlich die Bereitschaft, auch zum Menschen **sozialen Kontakt** aufzunehmen, besonders hoch. Angenehme Begegnungen mit Frauen, Männern, Jungs und Mädchen und sogar mit dem einen oder anderen freundlichen Hund bauen Ängste ab und stärken Kätzchens Weltvertrauen. Besucher der kleinen Familie sollten freilich den »Katzenknigge« kennen und auch respektieren, dass die Mutterkatze »Chef am Nest« ist.

Wie Katzen die Welt wahrnehmen

Sehen, Hören, Riechen, Fühlen, Schmecken – genau wie für uns sind diese fünf Sinne auch für Katzen das Tor zur Welt, die wir miteinander teilen. Unsere Samtpfoten nehmen die Umwelt jedoch etwas anders wahr als wir.

Magisch: Kätzchens Augen entgeht auch nicht die kleinste Bewegung.

SINNE MIT HOCHLEISTUNGSPOTENZIAL

Genau wie wir können Katzen räumlich sehen, denn ihre Augen sind ebenso wie die unseren frontal angeordnet. Allerdings ist ihre Netzhaut weit stärker gekrümmt. Das macht das **Gesichtsfeld** der Katze größer – den Bereich, den sie überblicken kann, ohne den Kopf zu drehen. Er beträgt fantastische 280 Grad – wir Menschen bringen es im Höchstfall auf einen Blickwinkel von 170 Grad, 160 Grad sind schon ein sehr guter Wert. Damit wir uns nicht ganz so unterlegen fühlen: Richtig räumlich sieht die Katze auf etwa 120 Grad, aber dazu kommen noch einmal je 80 Grad für jedes Auge, sodass ihr weder auf der linken noch auf der rechten Seite die kleinste Bewegung entgeht.

Sehen: Katzenaugen bestehen ähnlich wie unsere aus Stäbchen- und Zapfenzellen. Die Tiere können damit also auch **Farben sehen,** wenn auch nicht so gut wie wir. Rot etwa erscheint dem Katzenauge als eine Art Gelb. Grün und Blau dagegen sieht es problemlos. Dass die Welt der Katzen nicht so bunt ist wie unsere, liegt an der weit größeren Anzahl der Stäbchenzellen.

Sinne mit Hochleistungspotenzial

Die erlauben dafür aber scharfes Sehen bei Dämmerung und Dunkelheit, wenn Farben keine Rolle spielen. Katzenaugen haben darüber hinaus noch ein paar feine Extras zu bieten. Ihre **Pupillen** beispielsweise sind bei hellem Sonnenlicht nur als schmaler, senkrechter Schlitz zu sehen, bei Dunkelheit dagegen weiten sie sich zu einem riesigen Rund, das 90 Prozent der Augenfläche einnimmt. Eine Katze kann sich auch da noch ein Bild machen, wo wir die sechsfache Lichtmenge benötigen würden, um überhaupt etwas wahrzunehmen. Fürs Sehen bei schlechten Lichtverhältnissen spielt auch das *Tapetum lucidum*, **die reflektierende Schicht** im Augenhintergrund, eine Rolle. Sie spiegelt das spärliche Licht, das bei Dämmerung und Dunkelheit einfällt, verstärkt es so und ermöglicht damit auch die nächtliche Jagd. Die Reflexschicht lässt Katzenaugen im Dunkeln aufleuchten, sobald ein Lichtstrahl auf sie fällt.

Hören: Unsere Welt ist für Katzen ziemlich laut – schließlich hören sie mindestens dreimal so gut wie wir. Mühelos nehmen sie auch Töne wahr, die über 60 Kilohertz liegen, und hören das Quieken einer Maus oder ihr vielversprechendes Rascheln und Wispern sogar im Schlaf. Zudem können sie dank ihrer unabhängig voneinander beweglichen Ohrmuscheln orten, woher ein Geräusch kommt. Ein weiteres Extra ermöglicht ganz genaues **Richtungshören:** eine kleine Tasche, die an der äußeren Seite jeder Ohrmuschel sitzt und aussieht wie ein zusätzliches Mini-Ohr. Mit wissenschaftlichem Namen heißt das Täschchen *Antitragus*, unsere Ohren haben ihn auch, aber bei uns ist er lediglich ein Stückchen Knorpel ohne besondere Funktion.

> **TIPP**
>
> **Der Geruch des Futters**
> Futter muss auch nach Nahrung riechen. Deshalb das Nassfutter nicht direkt aus dem Kühlschrank in den Napf geben! Nehmen Sie es besser eine halbe Stunde vorher heraus oder rühren Sie einen kleinen Schuss heißes Wasser hinein.

Riechen und Schmecken: Auch ihr Geruchssinn verrät Katzen mehr als uns über die Welt. Mit ihren gut 60 Millionen Riechzellen ist die Katzennase der unseren weit überlegen. Mit der Nase prüft die Katze zum Beispiel, ob das von ihr erlegte Tier genießbar ist – und lässt die Spitzmaus links liegen. Mit der Nase prüft sie auch das Futter im Napf. Riecht es gut für sie, wird es akzeptiert – wobei Katze und Mensch über guten Duft auch schon mal verschiedener Meinung sein können. Dass unsere Haustiger in dem Ruf stehen, wahre Feinschmecker zu sein, hat mehr mit ihrem Geruchssinn zu tun als mit dem Geschmackssinn. Auf der Katzenzunge sitzen nämlich nur gut 400 **Geschmacksknospen** (bei uns sind es an die 9000). Mit ihrer Ausrüstung können Katzen zwar zwischen salzig, sauer, bitter und umami (herzhaft-fleischig) unterscheiden – aber der Appetit kommt über die Nase. Das gilt auch für Appetit der anderen Art: Katzen benutzen ihren Geruchssinn weniger zur Fährtensuche auf der Jagd als vielmehr beim Aufspüren ihrer Sexualpartner.

Das »Täschchen« an der Ohrmuschel, der Antitragus, macht genaues Richtungshören möglich.

Selbst entferntes Mäusewispern und -trippeln kann das Kätzchen problemlos orten.

Und auch fürs Sozialverhalten spielt er eine wichtige Rolle: Ein beträchtlicher Teil der »Katzensprache« besteht aus Duftsignalen. Und selbstverständlich gibt es auch beim Geruchssinn ein Extra: Katzen besitzen einen zweiten »Riecher«: das **Jacobsonsche Organ** im Gaumendach, auch Vomeronasalorgan genannt. Damit nehmen sie besonders verlockende Duftreize auf, seien es Drüsensekrete, Markierungen des anderen Geschlechts oder etwa Katzenminze und Baldrian – mit offenem Mäulchen und entrücktem Blick saugen sie den jeweiligen Duft geradezu ein.

Fühlen: Der Tastsinn unserer Samtpfoten ist schon beinahe legendär. Was für wunderbare Extras sind zum Beispiel die hochsensiblen **Tasthaare** oder Vibrissen des »Schnurrbarts«. Die hornigen Haare befinden sich auch über den Augen und an den Rückseiten der Vorderpfoten. Ihre Wurzeln reichen tief in die Haut und sind mit zahlreichen Nerven verbunden, die ihre Signale ans Hirn senden. Hindernisse auf dem Pfad, Engstellen oder auch feine Luftverwirbelungen werden zuverlässig gemeldet, sodass sich die Katze auch in tiefer Dunkelheit sicher bewegen und mit dem Schnurrbart auch im Dunkeln Fellstrich und Beschaffenheit der Beute ertasten kann. Indessen sitzt der Tastsinn nicht nur in den Vibrissen. Über den gesamten Katzenkörper sind **Rezeptoren** verteilt, die das Tier empfänglich machen für Berührungsreize. Auch ein Grund, weshalb Schmusetiger Streicheleinheiten ekstatisch genießen. Die Vorderpfoten schließlich erweisen sich dank der an ihrer Rückseite sitzenden **Sinneshaare** ebenfalls als hochempfindliche Tastinstrumente: Mit ihrer Hilfe nehmen Katzen kleinste Erschütterungen im Erdreich wahr, wie sie etwa von den Fluchtbewegungen kleinerer Tiere erzeugt werden.

Der Gleichgewichtssinn

Wer nicht so leicht aus dem Gleichgewicht gerät, fühlt sich in seiner Welt sicher und gut verankert. Tief im Innenohr der Katze sitzt der sogenannte **Vestibularapparat,** das Gleichgewichtsorgan. Es signalisiert dem Gehirn bei jeder Bewegung die Lage des Körpers und löst damit die entsprechenden Reflexe aus. So können Katzen schwindelfrei über Zäune und Mauern balancieren, in die Höhe klettern oder große Sprünge wagen. Droht ein Fall, wird der **Stellreflex** ausgelöst, das Tier dreht sich im Fallen und landet auf den Füßen. Das locker sitzende Fell wirkt dann wie eine Art Fallschirm, damit die Landung nicht zu hart ausfällt.

Leider funktionieren Stellreflex und Fallschirm nicht bei jeder Fallhöhe: Stürze aus dem ungesicherten Fenster oder vom Balkon gehen selten glimpflich aus.

Die Entwicklung der Sinne

Zwei Sinne sind bereits beim Neugeborenen vorhanden: Geruchs- und Tastsinn. Der **Tastsinn** bildet sich bei den Föten bereits in der vierten Schwangerschaftswoche, die Anlage für den Stellreflex in der siebten. Die **Hörfähigkeit** ist ab der vierten Lebenswoche gut ausgebildet, ab der dritten Woche fangen die Kätzchen an, sich über die Augen zu orientieren. Der **Gesichtssinn** verbessert sich von diesem Zeitpunkt an Tag für Tag, ab der zwölften Woche ist er perfekt ausgebildet. Auch **Motorik** und Gleichgewichtssinn verbessern sich ab der fünften und sechsten Woche dramatisch, der einsetzende Stellreflex macht die Kätzchen mutiger. Zu kleinen Artisten mit perfekter Bewegungskoordination werden sie ab der zehnten Woche. Ganz perfekt indessen sind die Sinnesleistungen der kleinen Raubtiere aber doch nicht.

Einen **Sinn für Süßes** zum Beispiel haben Katzen nicht. Woran es liegt, fanden Wissenschaftler vom Senses Center Philadelphia heraus, als sie die Geschmacksrezeptor-Gene von Hauskatzen, Tigern und Geparden untersuchten (→ Seite 34).

ZUSATZWISSEN

Lieblingsfarbe Blau
Katzen bevorzugen die Farbe Blau. Das haben Zoologen der Universität Mainz festgestellt. Unter verschiedenen Beleuchtungsverhältnissen hatten 2000 Minitiger die Wahl zwischen blauen und gelben Behältern, um an ihre Futterbelohnung zu gelangen. Fünf Prozent wählten Gelb, aber 95 Prozent entschieden sich für Blau – offensichtlich die Farbe, für die Katzenaugen am empfänglichsten sind. Probieren Sie doch einfach aus, ob auch Ihr vierbeiniger Liebling die Farbe Blau bevorzugt, etwa indem Sie gleiche Spielzeuge in verschiedenen Farben basteln oder kaufen.

Auf Entdeckertour: Typisch Kätzchen

Akkus aufladen
Kätzchen stecken voll unbändiger Energie, sind entsprechend aktiv – und schnell erschöpft. Dann müssen die Akkus wieder aufgeladen werden. An einem Tag kommen so etwa 16 Stunden Schlaf zusammen. Aber nicht nur Schlaf ist wichtig zum Auffüllen der Speicher, sondern auch Energie in substanzieller Form: Ein Kätzchen im Alter von drei bis vier Monaten braucht über den Tag verteilt vier bis fünf kleine Mahlzeiten, weil sein Magen größere Futtermengen noch nicht auf einmal verarbeiten kann.

Immer tipptopp
Über den Tag verteilt bringen Katzen gut drei Stunden damit zu, sich ihren Pelz zu putzen. Unerlässlich für den Jägerberuf: So werden verräterische Gerüche aus dem Fell getilgt, außerdem hält die »Gymnastik« in Form. Die Natur hat das Putzprogramm mit einem großen Teil Lust an der Sache ausgestattet. Bei den meisten Langhaarzüchtungen jedoch reicht die Putzlust nicht aus, um den Pelz immer tipptopp aussehen zu lassen – da ist Nachhilfe mit Kamm und Bürste gefragt. Bitte das Tier sanft an die Prozedur gewöhnen – und es dabei ruhig ein bisschen verwöhnen.

Katzenbalgerei

Kleiner Ringkampf gefällig? Die beiden Sportsfreunde hier teilen munter aus und stecken ebenso vergnügt ein. So üben sie im Spiel die Verhaltensweisen der Erwachsenen ein. Und nach dem Raufen wird auch schnell wieder miteinander gekuschelt: So geht es eben zu bei einem Freundschaftsspiel in Katzenkreisen.

Eltern-TIPP

Bitte nicht stören!
Natürlich wollen Kinder gern mit dem oder den Kätzchen spielen. Das stößt auch meistens auf Gegenliebe. Sagen Sie den Kids aber, dass ein schlafendes Kätzchen ebenso wenig gestört werden darf wie eines, das gerade sein Geschäft verrichtet. Erklären Sie auch, dass Tigerchen nach einer Mahlzeit noch nicht bereit ist für Sport und Spiel, sondern erst mal ruhen muss. Die Kinder werden es bestimmt verstehen.

Das ist mein Revier!

Kätzchens Waffen wollen gepflegt sein, deshalb wetzt es seine Krallen mit Lust – und drückt damit auch seinen Revieranspruch aus: »Hier bin ich Herr im Haus.« Artgenossen können diese Botschaft mit der Nase »lesen«, denn mit den Kratzspuren bleibt auch der für uns Menschen nicht wahrnehmbare Duft aus den Drüsen zwischen Tigerchens Zehen zurück. Auch Wangen und Flanken verfügen über solche Duftdrüsen.

Kätzchens Schnurrhaare sind nicht nur Stimmungsanzeiger, sie helfen auch beim Einschätzen von Abständen und bei Dunkelheit zu guter Orientierung.

Im Erbgut der Katzenartigen fehlt eine wichtige Region des für die Süß-Wahrnehmung zuständigen Gens – und damit ist der betreffende Erbgutabschnitt funktionsunfähig. Selbst wenn Geschmacksknospen vorhanden sind, können sie die Information »süß« nicht mehr weitergeben. Bleibt die Frage, ob während der Evolution das Futterangebot in der Wildnis (viel Protein, wenig Kohlenhydrate) die Rezeptoren verändert hat oder ob die veränderten Geschmacksknospen die Katze unempfänglich für Süßes gemacht haben.

Auch auf den **Wärme- und Warnsensor Nasenspiegel** ist nicht immer Verlass. Katzen lieben Wärme, den Platz an oder auf der Heizung. Mit ihrem Nasenspiegel überprüfen sie die Temperatur eines Gegenstands, bevor sie ihn berühren. Meldet der Nasenspiegel: »Vorsicht, heiß«, lässt das Tier seine Pfoten von ihm. Bei offenen Flammen oder beim unbedachten Sprung auf eine noch warme Herdplatte kommt der Wärme- und Warnsensor aber gar nicht zum Zuge: Dann ist das Malheur passiert, bevor die »Alarmanlage« losgeht.

Über den phänomenalen **Ortssinn** von Katzen, die über Hunderte von Kilometern wieder nach Hause finden, wurde schon oft berichtet. Klar ist: Die kleinen Jäger können sich dank ihrer ausgeprägten Sinne im Gelände sehr gut orientieren, und im Umkreis von wenigen Kilometern finden sie generell ohne Schwierigkeiten nach Hause. Ob ein geheimnisvoller Magnetsinn Katzen aber tatsächlich über Hunderte von Kilometern leiten kann, muss dahingestellt bleiben. Allzu viele Katzenfreunde haben leider erfahren müssen, dass ihre Lieblinge durchaus verloren gehen können.

Das Rassekätzchen

Rassen und Rassenmerkmale

Von wegen alter Adel – Rassekatzen haben dieselben Vorfahren wie gewöhnliche Hauskatzen: die Falbkatzen aus Nahost. »Adel« haben sie also alle. Aber dennoch sind die Tiere aus der Zucht eine Klasse für sich.

Erst vor ein paar Tausend Jahre gelangten Katzen auf Schiffen von Ägypten aus in die ganze Welt. Dass sie sich schnell an die klimatischen Verhältnisse ihrer neuen Umgebung angepasst haben, ist ein großer **»Zuchterfolg« der Natur.** Sie ließ den Katzen im rauen Bergland Kleinasiens, den Urahnen der Perser- und Angorakatzen, ein **langhaariges Fell** wachsen. Im heißen Südostasien erwies sich ein sehr **kurzes Haarkleid** als praktischer, wie es die grazilen Siamesen und Burmesen tragen, und in unseren gemäßigten Zonen mit kalten Wintern bekamen die Katzen einen **dichten Pelz** mit wärmender Unterwolle, wie wir ihn von unseren Hauskatzen und Rassen wie etwa der Britisch Kurzhaar (BKH) kennen. In den kalten Zonen Skandinaviens, Osteuropas und im Nordwesten der USA schließlich entwickelten Katzen das dichte Fell mit halblangem, Wasser abweisendem Deckhaar, das alle Waldkatzenrassen auszeichnet.

Seit nun gut 150 Jahren betreiben Menschen systematisch **Rassekatzenzucht.** Heute kennt man etwa 50 verschiedene Rassen. Dachorganisationen der Züchtervereine und -verbände legen die Richtlinien für die Zucht fest und die sogenannten Standards – Bestimmungen, wie Katzen einer Rasse vom Nasenspiegel bis hin zur Schwanzspitze auszusehen haben.

DAS RASSEKÄTZCHEN

Aussehen, Temperament und Charakter stehen bei Rassekätzchen aufgrund der Zuchtvorgaben weitgehend fest. Mehr noch freilich kommt es auf ihre Erfahrungen an. Kätzchen, die in liebevoller Hobbyzucht mit Familienanschluss aufgewachsen sind, haben einen unschätzbaren Startvorteil: Viele positive Erlebnisse während der wichtigen Prägephase haben sie zu kleinen Menschenfreunden gemacht, die sich schnell in die neue Familie einfügen. Was die **Pflegeansprüche** von Rassekatzen angeht, müssen Perser mit ihrem Prachtfell und andere Langhaarige täglich ausgiebig gekämmt und gebürstet werden. Siam, Abessinier oder Burma dagegen haben ein eher pflegeleichtes Fell, ihre temperamentvolle Art verlangt aber viel Aufmerksamkeit und Anregung von ihren Menschen, weil sie sich sonst sehr schnell langweilen.

Beliebte Rassen im Porträt

Oben: **Britisch Kurzhaar** Ihr ausgeglichenes Temperament und ihr unkompliziertes Wesen machen die »Bärchen« zu idealen Familienkatzen.
Unten: **Abessinier** Die elegante Katze hat lange Beine, große Ohren und Mandelaugen. Ihr Fell ist »getickt« – jedes Haar ist in helle und dunklere »Bänder« unterteilt. Sie ist temperamentvoll und anhänglich.

Europäisch Kurzhaar (EKH) Die gezüchtete Variante unserer Hauskatze. Große Vielfalt in Fellfarben und -zeichnungen, unkompliziertes Wesen und meist robuste Gesundheit. Ebenso wie ihre »gewöhnlichen« Artgenossen geht die EKH gern auf die Jagd. Sie hat einen hohen Bewegungsbedarf und ist recht unternehmungslustig. Bei Wohnungshaltung sollte man ihr viel Anregung bieten und so oft wie möglich mit ihr spielen.

Beliebte Rassen

Bengal Sie hat Freude am Klettern und Springen. Ihren Menschen nimmt sie gern in Beschlag und gibt sich Artgenossen oder anderen Tieren gegenüber freundlich und verträglich.

Birma Sie wurde seit den 1920er-Jahren aus Kreuzungen von Siam- und Langhaarkatzen gezüchtet. Birma-Kätzchen kommen mit kurzem, weißem Fell zur Welt – wie die Siamesen sind sie Teilalbinos. Birmakatzen sind sanft und freundlich, schmusen und spielen gern und lassen sich besonders gut in der Wohnung halten. Ihr wunderschönes Fell braucht allerdings regelmäßige Pflege.

Burma Eine grazile, aber dennoch athletische Katze. Gesichtsmaske, Ohren, Beine und Schwanz sind dunkler als das übrige kurze Seidenfell. Der keilförmige Kopf ist harmonisch abgerundet, die großen Mandelaugen leuchten goldgelb bis bernsteinfarben. Die Burmakatze ist temperamentvoll, neugierig und verspielt. Sie liebt Gesellschaft – auch von anderen Katzen – und »spricht« gern mit ihrem Menschen.

Kartäuser Auffälligstes Merkmal der Kartäuser oder Chartreux ist ihr »Plüsch«-Fell. Kater werden sehr viel größer als weibliche Tiere. Kartäuser haben – zumindest als ausgewachsene Tiere – ein ruhiges, gelassenes Wesen. Viele lassen sich gut an Brustgeschirr und Leine gewöhnen und apportieren gern Gegenstände, was ihnen den Spitznamen »Hundkatze« eingetragen hat.

KLEINE JÄGER GANZ GROSS

Maine Coon Wetterfest, wie diese Katze ist, hält sie sich gern im Freien auf und ist eine begeisterte Mäusejägerin.

Norwegische Waldkatze Sie ist keine typische Schmusekatze, obwohl sie sich gern auch mal Streicheleinheiten abholt. Sie liebt die Jagd und Kletterpartien auf Bäumen.

Perser Sie haben ein ruhiges Wesen, leise Stimmen und keinen allzu großen Bewegungsdrang. Wohnungshaltung ist problemlos möglich. Auch wenn sich die Katze unaufdringlich gibt, braucht sie doch viel Zuwendung. Tägliches Kämmen und Bürsten ist Pflicht.

Sibirische Katze Diese Katze hat ihre Wurzeln in Russland und der Ukraine. Die Katze ist gesellig, schmust und spielt gern, will sich gelegentlich aber auch zurückziehen. Wohnungshaltung ist möglich, wenn man ihrem Bewegungsdrang Rechnung trägt. Es gibt die Sibirische Katze in nahezu allen Fellfarben, sogar als Point-Variante mit Maskenzeichnung. Dann nennt man sie Neva Masquarade.

Beliebte Rassen

Siam Eine Katze für Kenner: sehr lebhaft, sehr intelligent und sehr anhänglich. Zuwendung fordert sie mit lauter Stimme ein. Siamkatzen des modernen Typs sind sehr grazil.

Ragdoll Schmusekatze mit sehr weichem, halblangem, dichtem Fell und wunderschönen blauen Augen. Die Ragdoll ist sehr anhänglich und immer zu einem Spiel aufgelegt, dabei aber völlig unaufdringlich. Sie liebt Gesellschaft und ist gut in der Wohnung zu halten. Tägliche Fellpflege ist zwar nötig, aber sehr einfach, weil das Fell kaum zur Knotenbildung neigt.

Singapura Die kleinste unter den Rassekatzen. Die Singapura wird nur zwei bis drei Kilo schwer. Ihr kurzes, feines, elfenbeinfarbenes Fell ist an Kinn, Brust und Bauch einfarbig, das übrige Haarkleid ist dunkelbraun »getickt« – wie bei der Abessinier-Katze ist jedes einzelne Haar mit dunkleren Bändern versehen. Die Singapura ist aktiv und neugierig, hat aber ein sehr sanftes Wesen. Ihrem vertrauten Menschen schließt sie sich eng an, Fremden gegenüber ist sie zurückhaltend.

Türkisch Angora Eine elegante, schlanke Katze mit halblangem Seidenfell in Weiß, Rot oder Schwarz. Die »klassische« Angora trägt Reinweiß und hat hellblaue oder bernsteinfarbene Augen. Sie ist neugierig und temperamentvoll, gesellig, verschmust und verspielt. Sie fordert viel Zuwendung und gibt ebenso viel zurück. Das lange Haar braucht regelmäßige Pflege.

2

IMMER IN KONTAKT

Unergründlicher Blick und lautlose Bewegung – unsere Minitiger erscheinen uns oft rätselhaft. Dabei sind sie alles andere als Geheimniskrämer. Vielmehr teilen sie offen mit, was sie wollen und wie sie sich fühlen. Allerdings in ihrer eigenen Sprache. Ein paar Brocken sollten wir erlernen …

Das Wesen der Katze entdecken

Bezaubernd, so ein verspieltes Katzenkind! Wenn Sie Verständnis für seine typischen Eigenschaften und sein Wesen zeigen, wird es auch als ausgewachsene Samtpfote ein liebenswerter und liebevoller Hausgenosse sein.

Ebenso wie bei uns gibt es auch unter Katzen Regeln für den Umgang miteinander, über die es hier und da schon mal zu Missverständnissen kommt. Damit das unter Katzen so selten wie möglich passiert, haben die Vierbeiner für die Verständigung mit ihren Artgenossen ein ausgefeiltes Kommunikationssystem entwickelt.

Alles erst mal untersuchen: Kätzchen entdeckt spielerisch seine Welt.

EINE FRAGE DES VERSTEHENS

Für ein Tier, das seinen Lebensunterhalt als »Einzelkämpfer« bestreitet, ist das besonders wichtig. Katzen haben gelernt, sich mit ihren Artgenossen zu arrangieren, und wissen zumindest zuweilen auch außerhalb der Paarungszeit die unmittelbare Nähe ihresgleichen zu schätzen.
Frei laufende Katzen, die über die mütterlichen Linien miteinander verwandt sind, leben auf dem Land häufig ähnlich wie Löwinnen im Rudel zusammen, auch wenn sie nach wie vor einzeln jagen.
Samtpfoten in Menschenobhut haben sich darüber hinaus noch eine zweite Welt erobert: unsere. In ihr sind sie nach wie vor Katzen mit ihren typischen Ansprüchen. Aber das Menschenheim ist auch ein geschützter Raum, eine Insel der Geborgenheit, ganz ähnlich wie in den ersten Lebenswochen Mutters warmes »Nest«. Eine glückliche Katze darf in ihrer Menschenfamilie wieder Kind sein, egal wie alt sie ist. Sie erhält Zuwendung und Zärtlichkeit, wird mit Futter versorgt, gepflegt, zum Spielen animiert und genießt Wärme und Behaglichkeit der menschlichen

Behausung. In ihrem Menschen hat sie eine Mutterfigur gefunden, aus der Perspektive unserer kleinen Mitbewohner sozusagen eine Superkatze. Nun sind auch die liebsten Katzenkinder oft nicht gerade brav. Doch die kleinen Tiger sind bereit, Spielregeln zu akzeptieren. Vorausgesetzt, die menschlichen »Artgenossen« akzeptieren die katzentypischen Umgangsregeln und beschäftigen sich mit Katzensprache.

KATZEN UNTER SICH

Bei unverhofften Begegnungen drohen sich Katzen oft ausgiebig an. Das bedeutet aber nicht, dass sie Feinde sind. Im Gegenteil: Katzen untereinander können sich bestens vertragen. Überraschende Begegnungen während der Jagd allerdings schätzen sie nicht. Da braucht nur eine von beiden eine falsche Bewegung zu machen – schon ist der Kampf im Gange und die Beute weg. Erstaunlich, dass es in vielen Gärten und Hinterhöfen vergleichsweise friedlich zugeht, obwohl sich dort mehrere Katzen aus der Nachbarschaft Wege, Aussichtsplätze und Streifgebiete teilen müssen. **Die kleinen Diplomaten** haben sich etwas einfallen lassen: Sie nutzen die »Gemeinschaftseinrichtungen« zu verschiedenen Zeiten, nachdem sie ausgehandelt haben, welche Katze wann und auf welchem Platz den Vorrang hat. Die »Verhandlungen« werden zuweilen mit vollem Körpereinsatz geführt. Wenn aber das Ergebnis feststeht, halten die Tiere sich daran und vermeiden so kräftezehrende Kämpfe. Verirrt sich eine Katze zur falschen Zeit auf den falschen Weg, heißt das Motto: »Nur nicht provozieren.« Sie wendet den Kopf ab, schaut in der

BENIMM-CHECK

Ein guter Anfang für eine harmonische Beziehung ist es auf jeden Fall, den »Katzenknigge« zu beherzigen.

- ☐ Erst ansprechen, dann anfassen. Und vor dem Streicheln erst einmal die Hand zum Beschnuppern hinhalten.
- ☐ Nur keine Hektik! Abrupte Bewegungen, hektisches Herumrennen oder Poltern versetzen jede Katze in Alarmstimmung.
- ☐ Psst! Laut wird es unter Katzen nur, wenn sie sich prügeln oder wenn Rivalen einander zum Kampf herausfordern. Außerdem tun laute Töne aus Fernseher, PC und Radio dem hochsensiblen Gehör der Katze weh.
- ☐ Der Ton macht die Musik! Katzen ignorieren harsche Befehle, sie reagieren aber auf freundliche Aufforderungen.
- ☐ Blickkontakt ja, Anstarren nein! Unter Katzen gilt der direkte Blick in die Augen als Drohung. Besser: Blickkontakt durch betontes Umherschauen unterbrechen.
- ☐ Bitte lächeln, aber auf Katzenart: Wer seiner Katze zublinzelt, bekommt von ihr ein Blinzeln (ihr Lächeln) zurück.
- ☐ Bitte nicht stören! Beim Schlafen, Dösen, Fressen, auf der Toilette oder auch beim Putzen wollen Katzen in Ruhe gelassen werden.

Imponierhaltung: Mit Drohbuckel und Bürstenschwanz macht Kätzchen sich größer.

Gegend umher, um ja keinen Blickkontakt zu riskieren, läuft etwas geduckt und gähnt vielleicht auch mal, um ihre Friedfertigkeit zu zeigen. Die Strategie wirkt im Allgemeinen selbst gegenüber den Kraftprotzen im Revier: Durch betontes Wegschauen geben sie dem schwächeren Tier die Gelegenheit zum Rückzug. Für die eher entspannten Situationen im Revier haben Katzen ebenfalls ihre Regeln und Rituale. Wichtigste Regel: Immer die eigene Stimmung anzeigen, damit das Gegenüber weiß, woran es ist. Wer sich bereits kennt und mag, grüßt bei Begegnungen mit erhobenem Schwanz und einem hellen »Murr«. Zum **Grußverhalten** bei näheren Begegnungen gehört die »Duftkontrolle«: zuerst Nase an Nase, dann Nase am Ende des anderen. Katzen, die einander »gut riechen« können, tauschen ihre Duftstoffe durch Wangen- und Flankenreiben aus und schaffen so einen gemeinsamen Sippengeruch. Natürlich ist die Stimmung nicht immer so friedfertig. So kommen auch **Droh- und Imponiergesten** zum Einsatz: Mit steifbeinigem Einherstelzen und herausforderndem Starren macht dann ein Kater schon mal dem anderen die Rangfolge klar. Zum Miteinander unter Katzen gehört eine recht lockere Rangordnung, die immer wieder neu »verhandelt« wird. Meist ohne ernsthafte Kämpfe. Doch im Revier können auch schon mal Rowdys auftauchen, die wild um sich schlagen und beißen. Oft handelt es sich dabei um streunende unkastrierte Kater.

Die Sprache der Katzen

Ist die Katze in freundlicher Stimmung oder eher auf Krawall gebürstet? Ängstlich oder übermütig? Wer auf ihr »Stimmungsbarometer« achtet, kann Samtpfötchens Körpersprache leichter entschlüsseln.

DIE KÖRPERSPRACHE

Die Katzen-Körpersprache verfügt über eine ganze Reihe »Vokabeln« mehr, als hier aufgeführt werden können. Geduldiges Beobachten hilft beim Verstehen – und macht sogar Spaß.

Der Schwanz

- **Wird er lässig hängen gelassen** und weist nur die Spitze ganz leicht aufwärts, spricht das für eine ausgeglichene, entspannte Katze.
- **Waagerecht ausgestrecker Schwanz** heißt so viel wie: »Ich bin gerade beschäftigt. Komm mir jetzt besser nicht in die Quere.«
- **Mit hochgerecktem Schwanz** grüßt sie freundlich und zeigt an: »Mir geht's rundum gut.« Der steil aufgereckte Schwanz ist aber auch Folgesignal: »Komm mal mit« – sagt die Katze, wenn sie so vor ihrem Menschen herläuft.
- **Ein wedelnder Schwanz** verrät Erregung. Das kann die gespannte Erwartung auf eine leckere Mahlzeit sein, aber auch Ausdruck eines inneren Konflikts, weil der Katze die momentane Situation nicht behagt. Besser, der Mensch hält sich jetzt mit Streicheln zurück.
- **Aufgeplusterter Schwanz,** Drohbuckel und gesträubtes Rückenfell sprechen ebenfalls für einen inneren Konflikt. Die Katze ist zwischen Angst und Angriffslust hin- und hergerissen.
- **Der gekrümmte Schwanz** zum Fragezeichen gelegt und Kätzchens Bocksprünge zeigen Spiellaune und puren Übermut.
- **Den Schwanz über die Kruppe** des Artgenossen legen bedeutet in Katzenkreisen: Wir sind gute Freunde.
- **Mit dem Umschwänzeln** unserer Waden will der kleine Tiger uns seiner Sympathie versichern.

Die Ohren

- **Steif nach oben gerichtete Ohren** zeigt eine zufriedene, ausgeglichene Katze.
- **Ohrmuscheln leicht nach vorne gedreht** bedeutet, etwas hat die Aufmerksamkeit des Kätzchens geweckt.
- **Langsam zur Seite drehende Ohren** machen deutlich, dass der Tiger nichts mehr mit Spielen oder Schmusen im Sinn hat. Etwas ärgert oder ängstigt ihn.

Oben: Mit aufgerichtetem Schwanz fordert das Kätzchen zum Folgen auf. Unten: Bei der Abwehrdrohung ist immer auch ein wenig Angst im Spiel.

Also besser Hände weg, bevor die Ohren nach hinten eingeknickt und herabgezogen oder gar flach angelegt werden. Denn dann setzt es Hiebe.

Der Schnurrbart

Die hornigen, hochsensiblen Tasthaare sind unter anderem auch höchst dekorative Ausdrucksmittel.

- **Schnurrhaare leicht gespreizt** und zur Seite ausgerichtet zeigen an: Die Katze fühlt sich ruhig und zufrieden.
- **Die Schnurrhaare liegen eng** am Gesicht an. Hier ist Vorsicht im Spiel, vielleicht auch Schüchternheit.
- **Die Schnurrhaare zeigen wie ein Fächer** nach vorne: Das bedeutet gesteigerte Aufmerksamkeit.

Die Augen

- **Ruhig, unbeirrbar** und cool – so schaut eine ausgeglichene Katze aus ihrem Pelz.
- **Halb geschlossene Augen** zeigen Entspannung und Wohlbehagen an.
- **Das Anblinzeln** von Artgenossen oder Zweibeinern signalisiert Freundlichkeit.
- **Zusammengekniffene Augen** drücken Ärger aus. Eine Geste, die auch oft von Fauchlauten begleitet wird.
- **Die Pupillen** passen sich zwar generell dem Lichteinfall an, aber sie reagieren auch auf Stimmungen. Angriffslust und Anspannung verengen sie auch bei eher schwachem Licht. Fürchtet sich die Katze, zeigt sie dagegen auch bei hellem Licht große Pupillen.

Deutliche Körpersignale

- **Selbstsichere Katzen** tragen den Kopf hoch und laufen hochbeinig mit gestrecktem Rumpf.

- **Unsichere Katzen** schleichen eher geduckt umher.
- **Ruhende Katzen** wirken auch auf uns beruhigend, ganz gleich, ob sie mit an den Körper gezogenen Pfötchen und eingeschlagenem Schwanz dösen, sich zum »Kissen« eingerollt oder der Länge nach ausgestreckt haben.
- **Eine Katze, die flüchten möchte,** aber keine Möglichkeit dazu hat, kauert mit eingeknickten Läufen und tief gehaltenem Kopf in einer Ecke.
- **Bei einer unschlüssigen Katze** scheint das Hinterteil nach vorne zu streben, die vordere Hälfte aber rückwärts. Die Katze schwankt zwischen Angriff und Flucht.

DIE LAUTSPRACHE

»**Miau**«: Es ist wohl das bekannteste aller »Katzenwörter«. Unter erwachsenen Tieren wird es zwar kaum gebraucht, aber wir Zweibeiner bekommen es etwa zu hören, wenn der Tiger hungrig ist, wenn ihm menschliche Aufmerksamkeit fehlt oder wenn er eine Tür geöffnet haben möchte. Entwickelt hat sich die Lautfolge aus dem kläglichen Schrei des hilflosen Kätzchens nach der Mutter. Auch die Sehnsuchtsrufe, mit denen rollige Katzen nach einem Kater verlangen, haben hier ihren Ursprung.

Plaudern: Vertraute Katzen »reden« miteinander in einer Mischung aus Gurrlauten, wie dem bekannten Katzengruß »Murr«, und maunzenden Tönen, die vielfältig moduliert werden. Kater umwerben rollige Katzen vor der Paarung mit Geplauder, Katzenmütter plaudern mit ihren Jungen und Stubentiger oft gern mit ihren Menschen.

Rufen: Das haben schon viele Katzenfreunde erlebt: Sie rufen ihren Tiger beim Namen, und anstatt sofort herbeizukommen, antwortet der ebenfalls mit einem Ruf. Auch untereinander verwenden Katzen solche Rufe. Sie sind Standortbestimmungen, Information und mitunter auch Herausforderung: »Willst du was? Dann komm!« Katzenmütter rufen auch, wenn sie Beute ins »Nest« tragen: mit lockendem Gurren, wenn es sich etwa um harmlose Mäuse handelt, mit lautem Warnruf, wenn die Beute wehrhaft ist, wie etwa eine Ratte.

Kampfgesänge: Zu den Ruflauten gehören auch die berühmten Drohgesänge, mit denen Kater ihre Rivalen zum Kampf herausfordern. Vor allem, wenn die Herren Kater um rollige Katzendamen konkurrieren. »Gesänge« als Auftakt zu einer zünftigen Prügelei werden auch schon mal von Kastraten oder weiblichen Katzen angestimmt.

Knurren: Eine Katze, die knurrt oder gar anhaltend grollt, ist in aller Regel stocksauer und auf Angriff gepolt.

Fauchen: Der stimmlose Laut entsteht durch scharfes Ausstoßen der Atemluft mit hochgezogener Oberlippe. Er erinnert an das Zischen einer Schlange – ein Geräusch, das allen Säugetieren Gefahr signalisiert. Fauchen ist ein typischer Fall von Mimikry, einer unter Tieren verbreiteten Täuschung zum eigenen Schutz. Schon die hilflosen Kleinen können es. Die abschreckende Mimik dazu, die typische »Fauchgrimasse«, baut sich allerdings erst nach und nach auf. Wenn die Katzenmutter ihren Nachwuchs anfaucht, ist das als heftiger Rüffel zu verstehen oder aber als »Weg da!«, das die Kleinen erfolgreich an

gefährlichem Unsinn hindert. Fauchen kann sich zum explosiven »Spucken« steigern – einem Laut, der sich wie ein Peitschenknall anhört.
Schnurren: Was könnte behaglicher klingen? Schnurrend verkündet die Katzenmutter ihren Kleinen, dass alles in Ordnung ist, schnurrend zeigen schon die wenige Tage alten Kätzchen ihr Wohlbehagen. Schnurrend schmeicheln die Samtpfoten ihrem Menschen Streicheleinheiten und Leckerbissen ab, schnurrend versichern sie ihren Artgenossen, dass sie friedliche Absichten haben. Manche Katzen schnurren auch, um sich selbst bei Angst oder Schmerzen zu ermutigen und zu trösten. Forscher fanden heraus, dass die Vibrationen, die beim Schnurren erzeugt werden, das Knochengerüst stärken und die Heilung verletzter Knochen beschleunigen.

DIE DUFTSPRACHE

Die Kommunikation per Duft gehört zu den großen Besonderheiten innerhalb der Katzengesellschaft. Und die ist keineswegs immer so »anrüchig«, wie etwa der Dominanzanspruch per offen liegen gelassenem Kothaufen: »Versuch bloß nicht, gegen mich anzustinken!« Oder wie das Markieren mit Urin, das geschlechtsreifen Tieren nicht nur zum Revierabstecken und für die allfälligen »Standortmeldungen« dient, sondern auch Auskunft über Hormonstatus und Paarungsbereitschaft gibt.

Zu den **Duftsignalen** gehört darüber hinaus das beliebte **Krallenwetzen.** Neben der sorgfältigen Pflege der Jagdausrüstung dient das Krallenwetzen auch der **Reviermarkierung.** Während des Kratzvorgangs sind die Duftdrüsen zwischen den Zehen aktiv. So zeichnet die Katze von ihr »bearbeitete« Bäume, Flächen oder gar Gegenstände nicht nur sichtbar aus, sie überträgt auch ihren ganz persönlichen Duft darauf: »Hier ist mein Revier …«, könnte das in ihrem Kernrevier heißen. Auf gemeinschaftlich genutzten Pfaden ist es Teil der »Zeitungsmeldungen«, die Katzen täglich verfassen, mit der Nase »lesen« und durch eigenes Kratzen kommentieren. Allerdings gibt es noch subtilere Arten dieser Kommunikation: In den Wangen, am Kinn, in den Flanken und an der Schwanzwurzel haben Katzen **Hautdrüsen,** die Duftstoffe absondern. Durch Reiben überträgt die Katze ihren Duft. Unter vertrauten Tieren entsteht so ein **Gruppengeruch.** Auch unsere Waden oder Gegenstände werden mit solchen »Reibereien« bedacht. Wir dürfen das sowohl als Besitzanspruch wie auch als Zärtlichkeit interpretieren.

Damit alle Katzen Bescheid wissen: »Was in meinem Revier steht, gehört auch mir.«

KATZEN-VERSTEHER-TEST

Wie gut verstehen Sie Ihr Kätzchen? Machen Sie den Test, und Sie werden sehen, ob die Verständigung klappt.

	JA	NEIN
1. Ihr Kätzchen läuft mit erhobenem Schwanz vor Ihnen her. Will es, dass Sie ihm folgen?	☐	☐
2. Während Sie mit dem Kätzchen spielen, dreht es die Ohren zur Seite. Gefällt ihm das Spiel?	☐	☐
3. Das Kätzchen droht einem Gegner mit gesträubtem Buckel und aufgeplustertem Schwanz. Fühlt es sich stark und selbstsicher?	☐	☐
4. Während Sie mit Ihrem Kätzchen schimpfen, fängt es an, sich zu putzen. Ist ihm egal, dass Sie ärgerlich sind?	☐	☐
5. Das Kätzchen läuft mit aufgestelltem Schwanz auf Sie zu. Ist das eine freundliche Begrüßung?	☐	☐
6. Ihr Kätzchen hat die Schnurrhaare eng ans Gesicht gelegt. Fühlt es sich unsicher?	☐	☐
7. Das Kätzchen rollt sich auf die Seite und schaut Sie auffordernd an. Will es spielen?	☐	☐
8. Ihr Kätzchen schmiegt das Köpfchen Ihrer Hand entgegen. Will es von Ihnen gestreichelt werden?	☐	☐
9. Ihr Kätzchen wetzt ausgiebig seine Krallen. Verbindet es damit auch eine »Duftbotschaft«?	☐	☐
10. Ihr Kätzchen gähnt Sie ausgiebig an. Ein Anzeichen dafür, dass es sich müde gespielt hat?	☐	☐

Auflösung:
1. Ja; 2. Nein; 3. Nein; 4. Nein; 5 Ja; 6. Ja; 7. Ja; 8. Ja; 9. Ja; 10. Nein.
Alles richtig beantwortet? Herzlichen Glückwunsch, Sie verstehen Kätzchens eigene Sprache schon recht gut. Je mehr Sie sich von Ihrem vierbeinigen »Sprachlehrer« inspirieren lassen, desto besser werden Sie auch die feineren Nuancen entschlüsseln können.

Eingewöhnung: Wir verstehen uns

Mit Geduld, Einfühlungsvermögen und Umsicht helfen Sie Ihrem Kätzchen, die Trennung von Mutter und Geschwistern zu verkraften, das neue Zuhause als Heimat zu betrachten und seine neue Familie lieben zu lernen.

Auf den Moment haben Sie voller Vorfreude gewartet: Ihr Kätzchen ist da! Selbstverständlich haben Sie seinen Einzug gut vorbereitet, die nötigen Utensilien besorgt, Futterplatz, Trinknapf, Katzentoilette und die eine oder andere Kratzgelegenheit platziert und mögliche Gefahrenquellen entschärft (→ Seite 18). Fenster und Türen, die nach draußen führen, haben Sie geschlossen, ebenso die Räume, die das Kätzchen (noch) nicht erkunden soll. Und jetzt könnte die kleine Samtpfote doch schon mal anfangen, ihr neues Heim zu erobern. Gemach! Bis das Kätzchen tatsächlich in seinem neuen Zuhause »angekommen« ist, braucht es noch ein wenig Hilfe von Ihnen. Nehmen Sie sich Zeit dafür – ein Wochenende oder besser noch ein paar Urlaubstage lang.

EIN GUTER START

Am besten helfen Sie Ihrem Kätzchen, wenn Sie ihm gestatten, das Tempo der Annäherung selbst zu bestimmen. Halten Sie sich im Hintergrund und bitten Sie auch die übrigen Familienmitglieder um **Zurückhaltung.** Sie dürfen das Kätzchen gern ansprechen – der Klang einer freundlichen, nicht zu lauten Menschenstimme wirkt beruhigend und macht dem Kätzchen Mut. Sie dürfen es auch zum Spielen animieren – mit Bällchen, mit dem Federwedel, mit der Katzenangel, gern auch auf dem Teppich, sodass Sie mit dem Minitiger auf gleicher Augenhöhe sind. Bleiben

Erst mal schnuppern – das Kätzchen ist noch nicht bereit, sich streicheln zu lassen.

Sie aber bitte zuerst einmal auf Distanz und widerstehen Sie der Versuchung, das Kätzchen zu packen und auf den Arm zu nehmen. Halten Sie ihm die Hand zum Beschnuppern hin, bieten Sie Futter aus der Hand an, oft schon sehr bald holt sich Samtpfötchen seine Streicheleinheiten ab. Vielleicht braucht Ihr Kätzchen aber auch ein bisschen länger, bis es sich aus der Deckung traut. Kein Grund zur Beunruhigung! **Die natürliche Neugier** wird dem Minitiger über die Schwelle helfen – je weniger er sich bedrängt fühlt, desto eher. Manch kleiner Kobold wird erst im Schutz der Nacht mutig, wenn die Zweibeiner schlafen. Wenn Sie als verlässliche »Superkatze« im Hintergrund agieren, zuständig für freundliche Ansprache, pünktliche Mahlzeiten und ein paar Wohlfühl-Rituale, wird sich Kätzchen schon bald heimisch fühlen (→ Goldene Regeln, Seite 52).

Gewöhnungsbedürftig

Wenn Ihr Kätzchen noch mit einigen Familienmitgliedern fremdelt, kann das an unterschiedlichen Lebensverhältnissen liegen. Vielleicht hat es in seiner Kinderstube keine Erfahrungen mit Kindern gemacht, vielleicht nicht mit temperamentvollen, lebhaften Menschen, vielleicht fehlen ihm auch soziale Erfahrungen mit Männern. Und nun trifft das Tigerchen auf genau solche »unbekannten Wesen«. Mit etwas gutem Willen aller Beteiligten lassen sich diese Probleme aber schnell lösen. Erst mal einen Gang zurückschalten und dem Kätzchen die Gelegenheit zum ersten Kontaktschritt geben. Den »Katzenknigge« beachten (→ Seite 43). Und auch öfter mal »Butlerdienste« wie Füttern und Kistchenausräumen leisten, damit sich bei dem

> **Eltern-TIPP**
>
> **So klappt's von Anfang an**
> Verständnis und Geduld sind besonders wichtig im Umgang mit dem soeben eingezogenen Kätzchen. Für Kinder ist das nicht immer einfach. Beziehen Sie den Nachwuchs von Anfang an in Kätzchens Versorgung mit ein, zeigen Sie ihm, wie die kleine Samtpfote behandelt werden will, und sparen Sie nicht mit Lob für umsichtiges Verhalten. Und nehmen Sie ruhig mal einen guten Rat Ihres Kindes an.

Samtpfötchen die Verknüpfung bilden kann: »Aha, auch diese Zweibeiner sind für mich da ...«

Tierische Mitbewohner: Auch an sie muss sich das Kätzchen gewöhnen. Am einfachsten ist es natürlich, wenn ein vertrautes Wurfgeschwisterchen gleich mitkommt in die neue Familie. Alles spricht dafür, dass sich der »Doppelpack« doppelt so schnell wie ein Einzelkätzchen an sein neues Zuhause gewöhnen wird. Zuerst einmal ist der Trennungsschmerz geringer und die Neugier größer. Und zu zweit ist man ja ein ganzes Stück mutiger! Aber da wetteifern beide auch schon mal um die Aufmerksamkeit der »Superkatze«. Lassen Sie dann keine Eifersucht aufkommen.

Katzen als Mitbewohner: Schnurrt bei Ihnen bereits ein Kätzchen, dürfte es keine großen Schwierigkeiten geben: Die Kleinen freuen sich über den Sport- und Spielkameraden. Am besten bringen Sie beide erst zusammen, wenn Sie jedes Tier für sich ausgiebig gestreichelt haben – so tragen sie einen gemeinsamen, friedlich stimmenden Geruch. Gehen Sie ebenso vor, wenn Sie sich nach ein paar Wochen entschließen, noch ein zweites Kätzchen dazuzunehmen. **Eine ältere Katze** ist vielleicht von dem kleinen Neuankömmling nicht allzu begeistert. Auch hier empfiehlt es sich, beiden vor der ersten Begegnung den gleichen Duft zu verpassen, am besten indem Sie die Tiere mit einem von Ihnen getragenen, noch nicht gewaschenen Pulli abreiben. Vielleicht müssen Sie die beiden eine Weile in getrennten Räumen halten, vielleicht bricht aber auch das Eis schnell. Kümmern Sie sich in Kätzchens Anwesenheit besonders liebevoll um die ältere Katze. So entsteht bei ihr allmählich eine positive Verknüpfung mit der »Neuen«.

Kätzchen und Hund: Sie können ziemlich beste Freunde werden, wenn sie erst einmal aneinander gewöhnt sind. Bei den ersten Begegnungen bleibt der Hund zunächst angeleint. Verwöhnen Sie ihn mit Aufmerksamkeit, während Sie das Kätzchen scheinbar ignorieren. Loben Sie Ihren Hund tüchtig, wenn er das Kätzchen ebenfalls in Ruhe lässt. Loben Sie ihn auch, wenn er sich ihm freundlich nähert und weder Anspannung noch Jagdgelüste zeigt. Wichtig: Sorgen Sie dafür, dass sich das Kätzchen zu jeder Zeit auf einen hoch gelegenen Platz zurückziehen kann.

GOLDENE REGELN FÜR DIE EINGEWÖHNUNG

1. Richten Sie Ihrem Kätzchen am besten einen separaten Empfangsraum ein, falls die Wohnung groß und unübersichtlich ist.
2. Machen Sie es dem Kätzchen heimelig. Verwenden Sie deshalb in der ersten Zeit die gleiche Streu und füttern Sie wie »bei Muttern«. Gut, wenn Sie das eine oder andere Spielzeug aus dem alten Zuhause mitnehmen dürfen.
3. Erste Station: Katzenklo. Nach der Reise im Transportkorb freut sich das Kätzchen, wenn es gleich eine saubere Streukiste vorfindet.
4. Bleiben Sie im Hintergrund und lassen Sie das Kätzchen die ersten Schritte in sein neues Heim in seinem eigenen Tempo machen. Aber seien Sie zur Stelle, wenn es auf Sie zukommen will.
5. Bleiben Sie gelassen, wenn der neue Mitbewohner erst mal nicht aus sei-

WICHTIG

Nur unter Aufsicht
Harmonie zwischen Kätzchen und Kleintieren wie Meerschweinchen, Kaninchen oder Vögeln ist durchaus möglich. Garantien für das Gelingen solcher Beziehungen gibt es aber nicht. Lassen Sie also den oder die Stubentiger nicht ohne Aufsicht mit Meerie & Co. zusammenkommen und sorgen Sie dafür, dass die »Kleinen« immer gut geschützt sind.

Goldene Regeln für die Eingewöhnung

Spielen auf Abstand ist für den Anfang ideal: So fühlt sich das Kätzchen nicht bedrängt.

Wenn das Eis erst einmal gebrochen ist, kann das Kätzchen die Streicheleinheiten genießen.

nem Versteck herauskommen will, und verzichten Sie auf Zugriffe. Besser: Kätzchens Neugier reizen – etwa mit Raschelpapier oder Bällchen.

6. Verlässliche Rituale stärken die gegenseitige Bindung: Streichelbegrüßung morgens nach dem Aufstehen, pünktliche Mahlzeiten, immer mal ein Viertelstündchen für Spiel und Spaß und vor dem Schlafengehen ein kleines Gute-Nacht-Leckerchen …

7. Lassen Sie nachts die Schlafzimmertür offen – manches Kätzchen traut sich erst auf Erkundungsgang, wenn die großen Zweibeiner schlafen.

8. Einigen Sie sich in der Familie, was Sie dem Kätzchen erlauben wollen und was nicht. Setzen Sie die klare Linie mit Geduld und Freundlichkeit durch.

9. Machen Sie dem Neuankömmling Spielangebote, aber lassen Sie ihm die Wahl, ob er darauf eingehen will.

10. Einigen Sie sich auf einen ansprechenden Namen für die Katze.

11. Reden Sie viel mit dem Kätzchen! Auf den Gesprächsinhalt kommt es nicht so sehr an, entscheidend ist der liebevolle, ruhige Klang Ihrer Stimme.

12. Sorgen Sie für einen harmonischen »Klangteppich« in Zimmerlautstärke.

13. Bringen Sie öfter mal eine Überraschung fürs Kätzchen mit heim: vielleicht eine Spielmaus oder ein interessantes Stück Holz von draußen.

14. Lassen Sie Ihrem Mitbewohner Zeit, sich in seinem neuen »Wohnungsrevier« zu orientieren. Verzichten Sie auf Möbelumstellungen und Ähnliches.

15. Verwenden Sie immer mal wieder »Vokabeln« aus der Katzensprache. Ein freundliches Blinzeln, eine Begrüßung Nase an Nase wird ebenso gut verstanden wie ein helles »Murr« als »Hallo, schön dich zu sehen …«.

Auf Entdeckertour: Im neuen Revier

Als »Superkatze« anerkannt?

Meist ist spätestens nach ein paar Tagen das Eis gebrochen, und das Kätzchen beginnt, sich heimisch zu fühlen. Lässt es sich schon von Ihnen streicheln, streicht es Ihnen um die Beine und läuft mit erhobenem Schwanz vor Ihnen her zu seinem Futterplatz? Dann dürfen Sie sich freuen: Sie sind offenbar als »Superkatze« anerkannt, selbst wenn das Kätzchen noch nicht auf den Schoß kommt oder sich noch nicht so gern auf den Arm nehmen lässt. Nur Geduld – das Zutrauen wird wachsen.

Einfühlungsvermögen gefragt

Enttäuschend für manches Familienmitglied: Der kleine Tiger schreckt vor der Streichelhand zurück oder geht merklich auf Abstand. Oft liegt es an der menschlichen Körpersprache: zu sehr »von oben herab«, abrupte Bewegungen oder einfach zu forsch. Besser: etwas zurückhaltender agieren, sich auch mal auf den Boden setzen, um mit dem Kätzchen auf gleicher Augenhöhe zu sein, und beim Spielen Abstand halten. Spiele mit Federwedel, Katzenangel oder einem Bällchen schaffen erst einmal eine sichere Distanz in den Augen des kleinen Tigers.

Revier-Eroberung

Je nach Temperament und Sicherheitsgefühl vergrößert sich auch Kätzchens Aktionsradius. Gutes Zeichen: Wenn es sich als Lieblingsplätze nicht nur »Höhlenverstecke«, sondern auch gute Übersichtsplätze aussucht – etwa auf der Fensterbank – und wenn es die Gesellschaft seiner zweibeinigen Mitbewohner sucht.

Eltern-TIPP

Patenkätzchen
Wenn Ihr Kind sich ein Kätzchen als »eigenes Haustier« gewünscht hat, ist es vielleicht enttäuscht, wenn Sie ihm klarmachen, dass der kleine Tiger so etwas wie ein Familienmitglied ist und nicht etwa Besitz. Übertragen Sie Ihrem Kind die Patenschaft für das Kätzchen und lassen Sie das Kind bei der Versorgung und Betreuung helfen. So ist es in die Verantwortung für das Tier eingebunden, aber nicht überfordert.

Vertrauen festigen

Frisst das Kätzchen Ihnen bereits ohne Umstände aus der Hand? Glückwunsch! Das spricht für sein großes Vertrauen. Falls es noch nicht so weit ist und Sie die Leckerbissen vorher ablegen müssen, ist das aber kein Problem, solange sich das Samtpfötchen streicheln lässt und keine Scheu beim Anfassen zeigt. Sorgen Sie auf jeden Fall dafür, dass Ihr Tigerchen mit der Menschenhand nur Positives verknüpft.

Wenn Probleme auftauchen

Kätzchen mit guten Erfahrungen in ihrer Prägezeit fügen sich meist schnell in ihre neue Familie ein. Und wenn das auf den neuen Mitbewohner nicht zutrifft? Mit Liebe und Geduld bekommen Sie Probleme in den Griff.

»Angst? Ich?« Aber ein bisschen ratlos sieht der kleine Schlingel doch aus.

EIN RUCKSACK VOLLER ANGST

Probleme können zum Beispiel dann auftauchen, wenn Sie sich in einen kleinen Wildling verliebt haben, der nie richtig auf Menschen geprägt wurde, oder auch, wenn das Kätzchen bereits schlechte Erfahrungen mit Menschen gemacht hat. Solchen Tieren fehlt das Grundvertrauen, und sie schleppen stattdessen einen Rucksack voller Angst mit sich herum. Sie können das ändern! Mit viel Liebe und einer Extra-Portion Geduld.

- **Für ein scheues Kätzchen** (oder zwei) ist der separate Empfangsraum besonders wichtig. Wählen Sie unbedingt einen ruhigen Raum aus und kein Durchgangszimmer.
- **Statten Sie das Zimmer** mit den wichtigsten Utensilien aus: Katzentoilette, Schlafplatz, Kratzgelegenheit, Futterplatz, Wassernapf und ein bisschen Spielzeug (Catnip-Söckchen, Bällchen, Spielmäuse). Ein Teppich zur Geräuschdämpfung wäre gut, denn für ängstliche Kätzchen bedeutet nahezu jedes Geräusch Alarm.
- **Ihre Rolle beschränkt sich** in den allerersten Tagen auf die berühmten

Ein Rucksack voller Angst

Butlerdienste: Futter und Wasser hinstellen, Kistchen säubern, dabei allenfalls ein paar freundliche Worte sprechen und keinen Lärm machen.

- **Von Tag zu Tag** können Sie Ihre Anwesenheit im Kätzchenzimmer ausdehnen: Setzen Sie sich auf den Boden, beschäftigen Sie sich mit etwas anderem, bevor Sie das Tier in hohen Tönen ansprechen. Anschauen dürfen Sie es auch, aber unterbrechen Sie häufig den Blickkontakt durch Blinzeln.
- **Gehen Sie nicht direkt auf das Tier zu,** sondern nähern Sie sich lieber im zögerlichen Zickzack. Das ist Katzenart und wirkt weniger bedrohlich. Wenn Sie merken, dass die Anspannung nachlässt, können Sie auch zum Spielen animieren – aber bitte immer schön auf Distanz.
- **Bieten Sie Leckerbissen** auf der ausgestreckten Hand an, aber widerstehen Sie der Versuchung zuzugreifen.
- **Streicheln dürfen Sie das Kätzchen erst,** wenn es ausgiebig an Ihrer Hand geschnuppert hat. Das kann dauern, aber irgendwann merkt das Tier, dass von dem Zweibeiner mit der freundlichen Stimme keine Gefahr droht, und verliert seine Angst. Vielleicht wird es sich nie gern auf den Arm nehmen lassen, vielleicht aber entpuppt es sich am Ende doch als ganz großer Schmuser – zumindest bei Ihnen. Dass es anderen gegenüber eine gewisse Vorsicht behält, können Sie sicher akzeptieren.
- **Eine etwas größere Kontaktfreudigkeit** lässt sich oft durch positive Verstärkung erreichen: Halten Sie ein paar Leckerlis stets griffbereit und loben und belohnen Sie das Kätzchen, wenn es Mut zum Körperkontakt zeigt und anfängt, auch die Welt jenseits seines Empfangszimmers zu erobern.
- **Lob und Belohnung** sind ebenfalls fällig, wenn Samtpfötchen auch an den übrigen Familienmitgliedern Interesse zeigt und sich von ihnen streicheln lässt. Dass auch die anderen Rücksicht auf den kleinen Angsthasen nehmen, versteht sich von selbst. Mit der Zeit wird er sich dann schon sicherer fühlen – lassen Sie sich von gelegentlichen Rückschlägen nicht entmutigen.
- **Akzeptieren Sie auch,** dass Ihr Kätzchen sich lieber unsichtbar macht, wenn Besuch kommt. Je weniger Zwang es spürt, desto eher wird es seiner Neugier nachgeben und sich vielleicht doch mal ganz kurz zeigen. In diesem Fall nur gucken, nicht anfassen!
- **Besucher,** die irgendwann einmal Catsitter-Dienste übernehmen wollen, müssten Sie vielleicht öfter einladen, bis Ihr Tigerchen den Mut findet, sie wenigstens zu beschnuppern. Dafür wird es natürlich prompt belohnt. Je ruhiger Sie und Ihr Besuch sich verhalten, desto eher wird es klappen.

> **TIPP**
>
> **Gerüche tilgen**
> Ammoniak- oder chlorhaltige Reinigungsmittel zum Entfernen von Urinpfützen, Harnmarkierungen oder Häufchen reizen zu Wiederholungstaten. Besorgen Sie besser einen Enzymreiniger (Apotheke) und wischen Sie mit hochprozentigem Alkohol nach.

Im übrigen gilt: Freuen Sie sich über ein Schmusekätzchen, aber akzeptieren Sie auch, wenn Ihr Tier nicht gerade zu den »Schoßkletten« gehört – vielleicht mag es umso lieber spielen. Sie wissen doch: Katzen sind ebenso unterschiedlich und individuell wie wir.

WARUM SO AGGRESSIV?

Haben Sie sich statt eines liebevollen Samtpfötchens eine fauchende Kratzbürste eingehandelt, die Angriff für die beste Verteidigung hält? Auch hinter solch einem Verhalten kann in der Prägezeit erworbene Angst stecken, und auch hier ist jede Menge Geduld nötig, um den »Rucksack« leichter zu machen. Wieder bietet sich der separate Raum mit geschützten Rückzugsplätzen an, allerdings besser ohne Versteckmöglichkeit. So kann sich der Tiger langsam an Ihren Anblick gewöhnen. Irgendwann wird er nicht mehr fauchen, wenn Sie ins Zimmer kommen, und dann dürfen Sie anfangen, ihn mit Spielen zu locken, zum Beispiel eine weiche Schnur über den Boden ziehen oder den Federwedel auf dem Teppich bewegen. Fuchteln Sie nicht in der Luft herum und werfen Sie auch nicht mit Spielzeug, denn beides könnte als Angriff missverstanden werden.

Sie werden Ausdauer brauchen, Ihrem Kätzchen dabei zu helfen, sein aggressives Misstrauen abzubauen – aber wenn Sie es endlich streicheln dürfen, ohne Kratzer zu riskieren, haben Sie einen Freund fürs Leben gewonnen.

Aktuelle Auslöser: Etwas anders sieht es aus, wenn Ihr Kätzchen sich schon ganz gut eingelebt hat und ganz plötzlich mit dem Kratzen und Beißen anfängt. Dann liegt die Ursache nicht in der Prägezeit, sondern es gibt einen aktuellen Auslöser.

- **Prüfen Sie zuerst,** ob gesundheitlich alles in Ordnung ist. Wehrt das Kätzchen sich plötzlich dagegen, angefasst oder auf den Arm genommen zu werden? Das spricht für Schmerzen – und ist ein Fall für den Tierarzt.

ZUSATZWISSEN

Erbliche Einflüsse

Ob ein Kätzchen menschenfreundlich und kontaktfreudig wird, hängt in erster Linie von seiner Prägung ab. Einen gewissen Einfluss hat aber auch der sogenannte Vatereffekt: Wie der englische Katzenforscher Dr. Dennis C. Turner und Kollegen feststellten, erben die Kleinen offenbar das Erkundungsverhalten vom Katzenvater und damit die Aufgeschlossenheit für Kontakte. Allerdings gibt es auch einen mütterlichen Einfluss: Die Jungen einer anhänglichen Mutter werden eher auf Menschen zugehen als Kätzchen, deren Mutter Menschen gegenüber misstrauisch ist.

- **Vielleicht fühlt es sich auch bedrängt** oder bedroht, weil zu oft Hände nach ihm greifen und dem Tier nicht genügend Gelegenheit zum Rückzug gelassen wird. Höchste Zeit zum Gegensteuern! Der Erfolg wird nicht lange auf sich warten lassen.
- **Das Gleiche gilt für den Fall,** dass beim wilden Spiel der »innere Tiger« mit Ihrem Kätzchen durchgeht. Da heißt es: Bei jedem Ausraster sofort das Spiel abbrechen und den »Spielplatz« verlassen, damit das Tier sich beruhigen kann. Und lassen Sie Ihr Kätzchen nicht nach Ihren bloßen Händen tatzeln, sondern benutzen Sie Angel, Wedel oder spezielle Spielhandschuhe aus dem Zoofachhandel, an denen der kleine Kämpfer problemlos herumzerren kann.
- **Langeweile** steckt auch manchmal hinter der scheinbaren Aggressivität. Ein Kätzchen, mit dem sich niemand beschäftigt und das keine Gelegenheit zum Spielen hat, schiebt Dauerfrust. Der Jagdtrieb zum Beispiel ist da, aber wo kann es ihn ausleben?
Da bietet es sich doch geradezu an, nackte Menschenwaden zu verfolgen. Fragen Sie sich also, ob Sie dem Katzenkind genügend Anregung bieten. Und, vor allem wenn Sie tagsüber außer Haus sind: Vielleicht wäre ja ein Artgenosse als Spiel- und Sportkamerad doch keine schlechte Idee?

ANRÜCHIGE HINTERLASSENSCHAFTEN

Hat Ihr Kätzchen etwa plötzlich vergessen, dass es schon längst stubenrein war, und präsentiert Ihnen Häufchen neben dem

Der »schuldbewusste« Blick täuscht: Wenn Kätzchen etwas angestellt hat, nützt eine Gardinenpredigt gar nichts.

Katzenklo, Pfützen mitten im Zimmer oder etwa »duftende« Markierungen am Türrahmen oder an den Vorhängen? So kann es natürlich nicht weitergehen. Das Wichtigste zuerst: Beseitigen Sie die Hinterlassenschaften, ohne zu schimpfen, und tilgen Sie die Geruchsspuren gründlich (→ Tipp, Seite 57). Dann gilt es, **Ursachenforschung** zu betreiben. Bei den Duftmarkierungen ist es einfach: Kätzchen ist wohl in der »Pubertät« angekommen. Zeit, mit dem Tierarzt einen Termin zur Kastration zu vereinbaren.

> **Eltern-TIPP**
>
> **Sonderaufgabe**
> Haben Sie ein ängstlich-scheues Kätzchen und ein Kind, das zu den geduldigen und verständigen Katzenfans gehört? Dann übertragen Sie ihm die Aufgabe, sich um das schüchterne Tier zu kümmern und es langsam an die Familie zu gewöhnen, denn junge Katzen reagieren häufig positiv auf die höheren Kinderstimmen. Unterstützen Sie Ihr Kind, damit es nicht allein die Last der Verantwortung trägt.

Mit **Häufchen und Pfützen** sieht es etwas anders aus: Gibt es eventuell ein Darm- oder Blasenproblem? Auch da wäre der Tierarzt gefragt.
Oft aber liegen die Ursachen ganz woanders. Beantworten Sie sich folgende Fragen und ziehen Sie die Konsequenzen:
1. Ist das Kistchen standfest und so aufgestellt, dass ein ungestörter Toilettengang möglich ist?
2. Könnte es sein, dass sich der Tiger bei seinen Geschäften von anderen Tieren oder auch von Familienmitgliedern belästigt fühlt?
3. Ist mit der Streu alles in Ordnung, und wird sie oft genug ausgewechselt?
4. Oder wird eine zusätzliche Toilette gebraucht? Mit der Faustregel »Ein Klo mehr aufstellen, als Katzen da sind« lassen sich viele Probleme vermeiden.
5. Fragen Sie sich auch, ob es vielleicht in letzter Zeit Veränderungen gegeben hat, die das Kätzchen verunsichern: größere Umstellungen in der Wohnung, einen neuen Partner vielleicht, mit dem sich das Tier noch nicht angefreundet hat, zu wenig Zeit und Zuwendung von Ihnen? Wenn Sie sich wieder liebevoll um Ihren Minitiger kümmern, kommt auch er wieder auf den richtigen Weg.

UNBÄNDIGE KRATZLUST

Trotz Kratzbaum schlägt Ihr Kätzchen seine Krallen auch in Teppiche, Polstermöbel und Tapeten. Vor allem dann, wenn Sie nicht daheim sind oder wenn Sie gerade nicht hinsehen und sich den Krallensport am falschen Ort verbitten. Schauen Sie sich die Wohnung am besten mal mit Kätzchens Augen an: Gibt es genügend Wetzgelegenheiten? Und stehen sie auch am richtigen Ort?
So sollte der Krallenwetzer zumindest eine Kratzgelegenheit auf dem Weg zwischen Schlaf- und Futterplatz finden. Im Zoofachhandel gibt es zudem preisgünstige Sisalpfosten und Kratzobjekte aus Wellpappe. Besorgen Sie sich am besten gleich mehrere zum Schutz Ihrer Möbel, Tapeten und Teppiche. Platzieren Sie die Kratzgelegenheiten beispielsweise gleich vor den besonders gefährdeten Sofa- oder Sessellehnen, die Sie – für eine Übergangszeit – am besten in Alufolie einpacken. Dieses Material hat keine Katze gern unter den Pfoten. Aber nun gibt es ja eine oder mehrere attraktive Alternativen. Und selbstverständlich bekommt Kätzchen viel Lob, wenn sie auch benutzt werden.

ALLES KLAR?

Häufig entstehen Probleme dadurch, dass wir Zweibeiner nicht die richtigen Schlüsse aus Kätzchens Körpersprache ziehen und deshalb falsch reagieren. Nehmen wir folgendes Beispiel: Kätzchen sitzt auf dem Schoß seines Menschen und lässt sich streicheln. Dann hat es genug von den Schmuseeinheiten und will weg. Doch der Zweibeiner kann die Signale des Unbehagens nicht deuten und hält das Kätzchen fest. Schließlich peitscht der Schwanz hin und her, die Pupillen verengen sich, die Ohren liegen flach am Kopf an. Und dann passiert es: Der Minitiger beißt seinen Menschen in die Hand und nutzt den Überraschungseffekt, um zu fliehen. Der Zweibeiner ist empört, dabei hat ihn Tigerchen eindeutig gewarnt. Hier eine kleine Übersetzung der Katzensprache.

Was die Katze sagen will, wenn sie

- **… Köpfchen gibt:** »Bitte streicheln!« Unter Katzen ist die Geste eine freundliche Aufforderung zur Fellpflege.
- **… ihre Wangen/Flanken an uns reibt:** »Du gehörst (zu) mir.« Die Katze markiert uns so mit ihrem für uns nicht wahrnehmbaren Duft und verpasst uns einen »Sippengeruch«.
- **… die Pfote hebt (mit Krallen):** »Hör sofort auf mit dem, was du tust!« Ernste Warnung vor dem Zuschlagen.
- **… die Pfote hebt (ohne Krallen):** Zusammen mit freundlichem Gesichtsausdruck heißt das: »Spiel mit mir.«
- **… mit den Vorderpfoten** auf dem Menschen „herumtretelt": »Ich fühle mich wohl wie ein Baby bei der Mama.«
- **… schnatternde oder keckernde Laute** von sich gibt: »Zu dumm, da komme ich nicht ran!« Katzen »schnattern« zum Beispiel, wenn sie durch die geschlossene Fensterscheibe einen vorbeifliegenden Vogel sehen.
- **… umherschaut oder sich putzt,** während der Mensch sie ausschimpft: »Tut mir leid, dass du sauer bist. Ich will dich nicht weiter provozieren.«
- **… nach dem Schlafen** erst einmal den Kratzbaum bearbeitet: »Das hier ist mein Revier, und ich bin hier der Herr im Haus.«
- **… ihrem Menschen einen Kopfstoß** verpasst: »Hallo Artgenosse!« – eine freundliche Begrüßungsgeste.
- **… sich mit aufforderndem Blick** auf die Seite oder den Rücken rollt: »Ich habe jetzt Lust, mit dir zu spielen.«
- **… ausgiebig gähnt:** Entspannungs- und Beschwichtigungssignal. »Ich bin friedlich, sei du es bitte auch.«

Genug geschmust! Jetzt mag Kätzchen lieber wieder seiner eigenen Wege gehen.

TIGERS
TRAUM VOM
WOHNEN

Ein Plätzchen fürs Kätzchen findet sich auch in der kleinsten Schublade. Aber lassen Sie sich nicht täuschen: Ihr kleiner Hausgenosse stellt durchaus Ansprüche an sein neues Revier. Kommen Sie ihm entgegen – kaum etwas anderes macht ein Heim so behaglich wie ein Kätzchen, das sich rundum wohlfühlt.

Alles für die Katz – die Grundausstattung

Sicher haben Sie die wichtigsten Dinge für Ihr Kätzchen schon besorgt. Aber vielleicht fehlt noch das eine oder andere an der Ausstattung. Was Sie unbedingt brauchen und was sich als brauchbar erweisen könnte …

AUSSTATTUNGS-BASICS

Transportbox: Ausgesprochen praktisch sind Kunststoffboxen, die sich nicht nur nach vorn, sondern auch nach oben öffnen lassen. Eine Decke oder ein flaches Kissen auf dem Boden macht die Box gemütlich. Eleganter, aber auch deutlich teurer sind Taschen aus Hightech-Material.

Katzentoilette: Zwei Toiletten sollten es mindestens sein, bei zwei Kätzchen darf ein drittes Kistchen dazukommen. Achten Sie darauf, dass der Toilettenrand nicht höher als 10 cm ist. Einige Klos haben einen extra niedrigen Einstiegsbereich für die Kleinen. In Haubentoiletten halten sich die Gerüche hartnäckig – unangenehm für sensible Näschen. Außerdem lassen sich die offenen Modelle leichter reinigen. Eine vor dem Kistchen platzierte Matte fängt schon viel Streu ab. Suchen Sie ruhige Plätze für die »stillen Örtchen«.

Futterplatz: Der »Katzentisch« – eine abwaschbare Matte oder ein Tablett mit Näpfen für Feucht- und Trockenfutter – steht am besten in einem ruhigen Winkel in der Küche und weit entfernt von den Toiletten. Näpfe aus Keramik, Porzellan oder Edelstahl sind gleichermaßen gut geeignet. Wassernäpfe platzieren Sie besser nicht auf dem Katzentisch, sondern verteilen mehrere in der Wohnung.

Der Katzenbrunnen: Viele Katze haben Spaß an einem Katzenbrunnen, der dank Umwälzpumpe immer frisches, plätscherndes Wasser liefert. Mittlerweile gibt es Modelle, die ohne teure Kohlefilter auskommen und leicht zu reinigen sind.

Der Schlafplatz: Kuschelhöhlen, Häuschen, ausgepolsterte Körbe – es gibt viele Möglichkeiten. Samtpfötchen schätzt sein Lager, wenn es ein wenig erhöht an einem ruhigen Platz steht, sodass es einen guten Überblick hat, aber selbst nicht gleich von jedem gesehen werden kann.

Der Kratz- und Kletterbaum: Er ist für Wohnungskatzen unverzichtbar, für Freiläufer eine Bereicherung und für Ihre Polstermöbel und Teppiche die Lebensversicherung. Entscheiden Sie sich für ein stabiles, standfestes Modell mit mehreren Klettergelegenheiten und Liegeflächen. Der Baum sollte an einem zentralen Platz in der Wohnung stehen, sodass der Klettermaxe sein Revier aus unterschiedlichen Perspektiven überblicken kann.

Ausstattungs-Basics 3

Tunnelblick? Nein, Tunnelglück! Hier hat das Kätzchen ein feines Versteck, einen tollen Spielplatz und dazu noch ein Gymnastikgerät – alles in einem.

Pflege-Utensilien: Für die Fellpflege von Langhaarkatzen brauchen Sie einen breit gezahnten Metallkamm mit abgerundeten Zinken zum Entfernen kleinerer Verknotungen, einen eng gezahnten zum Glattkämmen und eine Drahtbürste mit gebogenen Zinken. Für Verfilzungen empfiehlt sich ein spezieller Entfilzungskamm. Noppenbürste oder -handschuh eignen sich für eine angenehme Massage. Kurzhaarkatzen benötigen vor allem zur Zeit des Fellwechsels Hilfe. Ein Metallkamm mit beweglichen Zinken zum Auskämmen und eine Natur- oder Kunststoffborstenbürste zum Glattbürsten sind ausreichend.

Spielzeug: Für den Anfang genügen ein bis zwei Plüschmäuse, ein paar weiche Bälle, der berühmte Federwedel und vielleicht noch ein Solitärspiel mit Ball und Kratzmatte oder eine Spielschiene.

Das ideale Katzenrevier

Es ist Ihre Wohnung. Und es ist Kätzchens Revier, das auch auf seine Bedürfnisse eingerichtet sein muss – vor allem, wenn kein Freilauf möglich ist. Am Ende sollten alle Bewohner mit der Einrichtung zufrieden sein.

ABENTEUERSPIELPLATZ WOHNUNG

Eine riesengroße Wohnung braucht Ihr kleiner Revierbesitzer gar nicht. Aber eben doch einen gut funktionierenden »Abenteuerspielplatz«. Da muss genügend Raum vorhanden sein, damit das Kätzchen seine Streifzüge unternehmen kann. Fein, wenn es dabei auch Deckung hat: zum Beispiel große Kübel mit **unbedenklichen Pflanzen** wie etwa Bambus oder Grünlilie (→ auch Seite 70). Verzichten müssen Sie dagegen im Katzenrevier auf **giftige Pflanzen.** Besonders gefährlich sind: Dieffenbachie, Einblatt, Fensterblatt (*Monstera*) und Weihnachtsstern. Ebenfalls giftig: Aaronstabgewächse wie Calla, Aloe, Alpenveilchen, Amaryllis, Avocado, Azalee, Begonien, Birkenfeige, Buchsbaum, Christrose, Christusdorn, Chrysanthemen, Clematis, Efeu, Engelstrompete, einige Farn- und Ficusarten, Geranien, Hortensien, Hyazinthen, Jasmin, Kirschlorbeer, Lilien, Maiglöckchen, Märzenbecher, Narzissen, Nelken, Oleander, Philodendron, Primel, Schneeglöckchen, Tulpen, Veilchen, Wolfsmilchgewächse, Wüstenrose und Yucca (→ Internetadressen, Seite 141). **Deckung** bieten auch lange Vorhänge oder Tischdecken, die bis auf den Boden reichen (besser festklammern!), und die eine oder andere Nische, die nicht gleich in den Blick fällt. Als Katze muss man sich auch mal unsichtbar machen können und braucht sichere Verstecke. Verschiedene

Kätzchen an der Quelle – der Zimmerbrunnen als interessantes Beobachtungsobjekt.

Ruheplätze dienen der Entspannung im spannenden Revier. Denn gut 16 Stunden am Tag döst und schläft das Kätzchen. Neben seinem Körbchen oder Bettchen suchen sich die Minitiger auch andere behagliche Plätzchen zum Relaxen aus – wie etwa das Fußende im Menschenbett, Ihren gemütlichen Lieblingssessel, die Fensterbank über der Heizung, oben auf dem Schrank ... Halten Sie Decken und Kissen für die unterschiedlichen Plätze bereit. Mehrere **Gelegenheiten zum Krallenwetzen** sollten ebenfalls im Wohnungsrevier zu finden sein. Geben Sie Ihrem Kätzchen auch die **zweite und dritte Ebene** frei: Hier spielt der zentrale Kratz- und Kletterbaum eine Rolle, darüber hinaus sollte es aber mehrere Aussichtsplätze in unterschiedlicher Höhe geben, von denen aus Samtpfötchen sein Revier überblicken kann: Vielleicht können Sie ihm das eine oder andere Regalfach zugänglich machen, oder aber Sie bringen ein paar Regalbretter, die mit Sisal oder Teppichboden beklebt sind, versetzt an der Wand an. So kann Kätzchen gefahrlos über die rutschfeste »Treppe« in die Höhe steigen. Aber etwas fehlt noch im Katzenrevier: **Jagdgelegenheit und Beute.** Hier kommen nun Sie ins Spiel: Als Beute muss Spielzeug herhalten, das am besten Sie in Bewegung setzen. Besorgen Sie auch gleich eine Kiste, in der schon mal die Sachen verschwinden, mit denen nur unter Aufsicht gespielt werden darf (Schnüre, Angeln usw.). Die Box dient auch als »Parkplatz« für nicht mehr beachtetes Spielzeug. Nach einiger Zeit ist es fürs Kätzchen dann wieder interessant. Beutespiele mit Leckerbissen, die Sie – natürlich mit Ankündigung – auf Kätzchens Pfaden

WOHNUNGS-CHECK

Ist Ihre Wohnung katzengerecht? Prüfen Sie, ob Kätzchen alles hat, was es zum Wohlfühlen braucht:

- ☐ Ihr Kätzchen darf die ganze Wohnung nutzen – abgesehen von einigen wenigen Tabuplätzen.
- ☐ Es gibt unbedenkliche Versteckmöglichkeiten, wie zum Beispiel hinter dem bodenlangen Vorhang.
- ☐ »Höhere Ebenen«, wie zum Beispiel Schränke oder auch die Fensterbank, sind zugänglich oder können zugänglich gemacht werden.
- ☐ Polstermöbel dürfen mitbenutzt werden (natürlich nicht zum Krallenwetzen).
- ☐ Der Balkon ist katzensicher »vernetzt« oder eingezäunt.
- ☐ Das Kätzchen besitzt einen großen, zentral aufgestellten Kratz- und Kletterbaum.
- ☐ Gefahrenquellen sind beseitigt oder entsprechend gesichert (→ Seite 69).
- ☐ Futternäpfe und Katzentoilette(n) stehen in angemessener Entfernung voneinander an Plätzen, die einerseits ruhig, andererseits jederzeit zugänglich sind.
- ☐ Das Kätzchen kann sich zurückziehen, hat aber auch jederzeit die Möglichkeit, sich zu den Menschen zu gesellen.

Frische Luft und mehr: Der Balkon kann für den Stubentiger zum kleinen »Kurpark« werden.

Das ist ja ein hübsches Pflänzchen! Ein Kübel aus Steingut lässt sich vielseitig verwenden.

»verstecken« oder ihm zuwerfen, stehen bei den kleinen Jägern auch hoch im Kurs. Im Handel gibt es übrigens auch Geräte, aus denen Katzen sich ihr Trockenfutter herausangeln können – manche haben offensichtlich Spaß daran. Spendieren Sie dem Kätzchen von Zeit zu Zeit mal einen Karton mit Einschlupfloch oder eine Packpapiertüte (mit durchschnittenen Henkeln) zum Erforschen. Solche Mini-Veränderungen im Revier wirken anregend, ohne – wie etwa größere Umräum-Aktionen – zu irritieren.

Machen Sie aber nicht die gesamte Wohnung zum Abenteuerspielplatz, sondern erklären Sie Plätze, an denen Ihr Kätzchen Schaden anrichten oder zu Schaden kommen kann, zu **Tabuzonen** und verleiden Sie notfalls den Zugang zu ihnen. Der Herd muss eine solche Tabuzone sein oder der Putzmittelschrank mit seinem gefährlichen Inhalt. Sie können sich auch den Zutritt zu anderen Plätzen verbitten wie zum Beispiel den Esstisch, die Computertastatur oder das Schlafzimmer – zu viele Tabus sollten es indessen nicht sein.

FREILUFTKURORT BALKON

Klären Sie mit Ihrem Vermieter oder der Eigentümergemeinschaft, ob Sie Ihren Balkon mit geeigneten Zaunkonstruktionen oder speziellen Katzenschutznetzen **katzensicher einzäunen** dürfen. Für ein Etagentigerchen ist eine solche Frischluft-Oase ein Riesengewinn. Auf einem voll vernetzten Balkon lässt sich sogar ein Kratzbaum mit Aussichtsplattform anbringen. Sollten Vermieter oder Verwalter nicht mit der Vollvernetzung einverstanden sein, bleibt die Möglichkeit, den Balkon von innen etwa in Brusthöhe einzuzäunen und mit üppig bepflanzten Blumenkästen den Blick vom Gitterwerk abzulenken. Auf Klettergerät und Hochsitz muss Kätzchen dann allerdings verzichten. Auf jeden Fall aber können Sie Ihrem Kätzchen **sonnige Liegeplätze** auf dem Balkon anbieten. Korkplatten zum Beispiel speichern die Wärme und bieten einen gewissen Liegekomfort. Natürlich dürfen auch **schattige Plätzchen** nicht fehlen. Entweder Sie stellen einen entsprechend großen Sonnenschirm auf oder sorgen bei Hitze für kühle »Höhlen«, etwa einen großen Terrakottakübel, in den Sie einen Eingang schneiden und ihn umgedreht aufstellen. **Pflanzschalen** mit ungiftigen Pflanzen sorgen einerseits für Dufterlebnisse und andererseits für Knabberspaß. An einem kleinen **Kräutergarten** mit Zitronenmelisse, Basilikum, Thymian oder Petersilie haben Mensch und Tier gleichermaßen Freude. Die Krönung für Ihren kleinen Tiger könnte ein Minibeet mit Katzenminze oder ein »Bett« aus Katzengras sein. Und vergessen Sie nicht, für eine Trinkgelegenheit zu sorgen. Ein großer, flacher Blumenuntersetzer – beispielsweise mit Wasser gefüllt, in dem ein Tischtennisball schwimmt – löscht nicht nur den Durst, sondern sorgt auch für Zeitvertreib.

FRISCHLUFT AM FENSTER

Wer keinen Balkon hat, kann vielleicht das eine oder andere Fenster zum Katzenausguck erklären und entsprechend sichern. Im Handel gibt es mittlerweile verstellbare Netzrahmen, die sich leicht in ein geöffnetes Fenster einsetzen und ebenso leicht wieder entfernen lassen. Auch für Kippfenster gibt es spezielle Netze, die beim Schließen nicht umständlich abgenommen werden müssen.

GEFAHREN-CHECK

Junge Katzen sind wie kleine Kinder. Alles wird neugierig erforscht, Gefahren werden nicht erkannt. Sorgen Sie deshalb vor:

- ☐ Offene und gekippte Fenster und Balkon sichern, sonst besteht Verletzungsgefahr durch Stürze oder Einklemmen.
- ☐ »Höhlen« wie Haushaltsgeräte mit Türen (Waschmaschine, Trockner etc.) vor Inbetriebnahme überprüfen, Behältnisse mit Deckel geschlossen halten.
- ☐ Unsichere Verstecke wie offene Röhren, Bodenvasen oder andere »Geheimgänge« sperren.
- ☐ Chemische Substanzen wie Putzmittel, Medikamente, Frostschutzmittel, Pflanzenschutz- und Schädlingsbekämpfungsmittel immer unter Verschluss halten.
- ☐ Herd, offene Flammen und Bügeleisen nie unbeaufsichtigt lassen, auf heiße Herdplatten einen Topf mit Wasser stellen. Herd zum »Tabuplatz« erklären.
- ☐ Spitzes, Scharfes, Kleinteile, die verschluckt werden können, Plastiktüten, Schnüre, Stanniolpapier, Gummiringe und Wolle nicht offen herumliegen lassen. Spielsachen »entschärfen«. Auch keine losen Elektrokabel offen liegen lassen – Kätzchen beißen zu gern darauf herum.

TIGERS TRAUM VOM WOHNEN

Pflanzen, die Katzen besonders mögen

Thymian
Manches Kätzchen liebt einfach den würzigen Duft des Krautes.

Die Grünlilie
Dem Kätzchen passiert nichts, wenn es mal an dieser dekorativen Pflanze knabbert.

Melisse
Lässt trotz Zitronenduft nicht alle Katzen kalt.

Zimmerbambus
Wird vom Handel inzwischen auch als Alternative zum Topf mit Katzengras angeboten.

Katzengras
Beliebt sind vor allem die zarten Spitzen.

Katzenminze
Eine von vielen Arten. Macht Katzen »high« und spielfreudig.

Katzengamander
Hübsch, köstlich und für Samtpfoten berauschend.

GROSSE ODER KLEINE FREIHEIT – DAS REVIER DRAUSSEN

Keine Frage – Katzen lieben Freilauf. Schließlich sind sie von der Natur bestens fürs Pirschen und Jagen ausgerüstet und besitzen auch den inneren Antrieb dazu. Leider sind sie trotz dieses Rüstzeugs auf **viele Gefahren** unserer heutigen Umwelt nicht eingestellt – etwa auf den Autoverkehr, der selbst in ländlichen Gegenden ein großes Problem sein kann, oder auf Umweltgifte, die beispielsweise in der Landwirtschaft eingesetzt werden. Selbst wenn Sie ganz idyllisch im Grünen wohnen, sollten Sie die Umgebung überprüfen, bevor Sie Ihrem Kätzchen den Freilauf gestatten. Falls es im Umkreis von ca. 600 Metern stark befahrene Straßen gibt, sehen Sie lieber davon ab. Das Gleiche gilt, wenn in der Umgebung Jagden stattfinden oder Felder mit konventioneller Landwirtschaft liegen (Pestizidbelastung). Gefährliche Hunde in der Umgebung oder »wilde«, unkastrierte Kater, die bei Beißereien Krankheiten übertragen können, sind ebenfalls ein Grund zu besonderer Vorsicht, ebenso wie häufige »Katze vermisst-Meldungen«.

Gibt es jedoch keine solchen Probleme und verständnisvolle, katzenfreundliche Nachbarn ringsum, haben Sie und Ihr Kätzchen wirklich das große Los gezogen. Apropos Nachbarn: Nehmen Sie eventuelle Bedenken von **Vogelfreunden und Hobbygärtnern** ernst und bieten Sie ihnen Kompromisse an: etwa, dass Sie gärtnernden Nachbarn gestatten, den Tiger nass zu spritzen, falls er in ihren Beeten buddelt. Ihre eigenen Beete lassen sich eventuell mit eingesteckten Plastik-Windrädchen für Ihr Kätzchen »sperren«. Vogelfreunden nehmen Sie oft schon den Wind aus den Segeln, wenn Sie Ihr Kätzchen über Nacht im Haus behalten. Damit tragen Sie zur Sicherheit der gefiederten Freunde bei, denn die sind in der allerersten Morgendämmerung am verletzlichsten. Und denken Sie auch an **Kätzchens Sicherheit.** Geräteschuppen und Garagen sicher abschließen und überprüfen, dass Sie Ihr Tigerchen nicht aus Versehen eingesperrt haben. Vorsicht auch bei automatischen Garagentoren. Und noch ein Tipp: Decken Sie Regentonnen ab. Katzen sind überaus neugierig und finden oft einen Weg, um einen Blick in die Tonne zu werfen. Fällt das Tier hinein, kann es ertrinken, denn an den glatten Wänden findet es keinerlei Halt. Aus dem gleichen Grund ertrinken auch im Gartenpool viele Katzen, obwohl sie schwimmen können.

WICHTIG

Balkon- und Fenstersicherung
Um ein Katzennetz an der Fassade anzubringen, sollten Sie das Einverständnis des Vermieters oder der Eigentümergemeinschaft einholen. Gerichtsurteile fallen nämlich sehr unterschiedlich aus. Für Schutzrahmen, die Sie ohne Bohrungen innen anbringen können, brauchen Sie keine Erlaubnis. Wohl aber, wenn innen oder außen Bohrungen notwendig werden.

Das Katzen-Freigehege

Befestigen Sie deshalb Taue oder Bretter als Ausstiegshilfen am Beckenrand des Pools – bei großen Wasserflächen an mehreren Stellen, denn ein ertrinkendes Tier hat oft nicht mehr die Kraft, zur einzigen Rettungsmöglichkeit zu schwimmen. Mittlerweile gibt es übrigens eine empfehlenswerte Ausstiegshilfe für Swimmingpools unter dem Namen »Skamper-Ramp« im Fachhandel zu kaufen.

DAS KATZEN-FREIGEHEGE

Wenn's mit der großen Freiheit nichts werden kann, bleibt vielleicht die kleine: ein eingezäunter Auslauf im Garten oder ein Freigehege, das auch nach oben abgegrenzt wird. Hier kann Ihr Kätzchen gefahrlos umherstreifen und dem Duft von Freiheit und Abenteuer nachspüren. Prima, wenn das Gehege auch Klettermöglichkeiten und Aussichtsplätze bietet. Und noch besser, wenn es gleich ans Haus anschließt und Kätzchen jederzeit durch die Katzenklappe vom Haus ins Gehege wandern kann (→ Seite 75). Doch ein Freigehege direkt am Haus ist die absolute Luxusvariante. Zwar ist ein begrenztes Gehege nicht ganz das, was eine Katze von ihrem Revier erwartet, aber doch eine Bereicherung. Dass die notwendigen hohen Zäune (2,30 m und nach innen abgewinkelt), die Netze mit Teleskopstangen (2 m hoch) oder das Gehege nicht gerade unsichtbar sind, kann zu Schwierigkeiten führen. Fragen Sie besser beim Ordnungsamt nach, ob die Maßnahmen zulässig sind. Notfalls muss sich Tigerchen mit der Terrasse als Mini-Auslauf begnügen, denn sie lässt sich am ehesten unauffällig einzäunen.

Oben: Verstiegen? Runterkommen ist nicht ganz so einfach wie raufklettern.
Unten: Viele neue Eindrücke zu verarbeiten! Der Schwanz verrät: Es macht Spaß.

Butlerdienste überflüssig: Durch die Klappe kann das Kätzchen jederzeit ein und aus gehen.

KÄTZCHEN ALS MITBEWOHNER

Um sein Revier auch wirklich in Besitz zu nehmen, braucht Ihr Kätzchen etwas Hilfe von Ihnen. Im Gegenzug ist es bereit, Ihre Regeln zu akzeptieren – beste Voraussetzungen für eine harmonische Wohngemeinschaft. Ganz wichtig: Bevor Sie dem Vierbeiner Freilauf gewähren können, muss er mit den vier Wänden gut vertraut sein und sie als »Heim erster Ordnung« akzeptiert haben. Und er sollte schon auf seinen Namen hören. Nach vier bis sechs Wochen ist es meist so weit.

- **Machen Sie nicht einfach** die Tür auf, sondern gehen Sie mit nach draußen.
- **Sprechen Sie** mit dem Kätzchen, lassen Sie es nicht aus den Augen und rufen Sie es nach etwa einer halben Stunde wieder in die Wohnung.
- **Belohnen Sie** den Rückkehrer mit einem Leckerbissen oder servieren Sie ihm seine Mahlzeit.
- **Dehnen Sie** in den folgenden Tagen die Freigang-Zeit immer weiter aus.
- **Kommt das Kätzchen zuverlässig** auf Ihren Zuruf, darf es schließlich auch allein hinaus. Und natürlich gibt es bei der Rückkehr eine kleine Belohnung – oder die Mahlzeit.

Übrigens: Schütteln der Leckerli-Dose oder ein Glöckchen, das zum Futtern ruft, sind beste Verstärker für Ihren »Rückruf«.

Regeln im Zusammenleben

Ihr Tiger hat nichts dagegen, sein Revier mit Ihnen zu teilen, allerdings will er als »Hausherr« anerkannt sein. Keine Sorge, wenn Sie es richtig anfangen, respektiert er Ihre Verbote trotzdem. Ein paar Tabuzonen müssen Sie schon aus Sicherheitsgründen durchsetzen – zum Beispiel den Herd und seine unmittelbare Umgebung.

- Steuert das Kätzchen den verbotenen Platz trotzdem an, sagen Sie laut und hart »Nein« oder klatschen Sie fest in die Hände.
- Sollte das nicht helfen, decken Sie die »Aufsprungbasis« mit doppelseitigem Klebeband ab. Sehr unangenehm, sich klebrige Pfoten zu holen! Meist können Sie die Streifen sehr bald wieder entfernen, weil das Kätzchen begreift, dass es an diesem Platz absolut nichts zu suchen hat.

Übrigens: Ein paar vernünftige Verbote haben die gleiche Funktion wie natürliche Reviergrenzen oder »Übereinkünfte« mit Artgenossen und werden im Großen und Ganzen ebenso akzeptiert. Manchmal machen sie die Samtpfote auch erfinderisch: Denken Sie sich einfach Ihr Teil, wenn Sie rein zufällig Katzenhaare auf der »verbotenen« Tischdecke finden, und schimpfen Sie nicht …

Krallenwetzen können und dürfen Sie Ihrem Kätzchen natürlich nicht verbieten, aber Sie können verhindern, dass es seine Krallen in die falschen Objekte schlägt. Ganz wichtig: der zentral platzierte Kratz- und Kletterbaum, denn an ihm richtet sich das Tigerchen gern zu voller Größe auf und teilt per Krallenmarkierung mit: »Hier ist mein Revier.« Steht der Baum nicht am Weg zwischen Schlaf- und Futterplatz? Dann lohnt sich die Anschaffung eines zweiten stabilen Pfostens für Kätzchens Dehn- und Streckübung einschließlich »Revieranzeige«. Günstige Wetzgelegenheiten – etwa aus Wellpappe – können vor kratzgefährdeten Sofa- oder Sessellehnen stehen, mit Kratzrollen oder -matten schützen Sie Teppiche (→ Seite 60). Und falls Ihr Kätzchen entsprechende Gelüste zeigt, gibt es auch zum Schutz von Türrahmen und Tapeten Kratzbretter und Sisalmatten. Loben Sie die kleine Kratzbürste, wann immer sie ihre Krallen in die richtigen Objekte schlägt.

Die Katzenklappe

Wenn Ihr Kätzchen hinaus darf, muss es auch jederzeit wieder in die Wohnung kommen können – ganz wichtig, wenn es einmal schnell Zuflucht nehmen muss. Eine Katzenklappe leistet da sehr gute Dienste. Allerdings gibt es ein Problem: Durch die Klappe können auch fremde Katzen eindringen – sehr verstörend für den kleinen Revierbesitzer. Eine gute, aber teure Lösung: Es gibt mittlerweile elektronische Katzenklappen mit integriertem Lesegerät. Das Gerät liest die Nummer des Mikrochips, den der Tierarzt dem kleinen Tiger unter die Haut geschoben hat, und lässt nur die Katze(n) durch, auf deren Nummer(n) das Lesegerät programmiert ist. Weil aber die »Einbrüche« fremder Katzen vorwiegend nachts stattfinden, genügt es meist, dass Sie Ihr Kätzchen nachts im Haus behalten und die Klappe bis zum Morgen auf »geschlossen« stellen. Den Ausgang nachts zu unterbinden, ist nicht nur für die Vogelwelt besser, sondern schützt auch Ihr Kätzchen vor Autos mit aufgeblendeten Scheinwerfern.

> **Eltern-TIPP**
>
> **Hüter der Spielkiste**
> Katzenspielzeug wird schnell langweilig, wenn es dauernd zur Verfügung steht. Ernennen Sie Ihr Kind zum »Spielzeugwart« und lassen Sie es dafür sorgen, dass die Spielsachen, die nicht mehr so interessant sind, in der dafür bestimmten Kiste landen und nach einiger Zeit wieder gegen anderes Spielzeug ausgetauscht werden. So merkt Ihr Kind ganz nebenbei, woran das Kätzchen wirklich Spaß hat.

Auf Entdeckertour: Rund ums neue Heim

Heimatgefühle
Fordert Ihr Tigerchen Sie gleich morgens auf, es doch bitte für einen Streifgang hinauszulassen? Dreht Ihr Kätzchen interessiert schnuppernd seine Runden und stellt sich dann pünktlich zum Futtern wieder ein? Herzlichen Glückwunsch – der kleine Revierbesitzer scheint sich mittlerweile drinnen wie draußen zu Hause zu fühlen. Kommt er auf Ihren Zuruf? Oder gibt er Ihnen zunächst eine Antwort und kommt dann mit leichter Verzögerung? Auch das ist bei Katzen ein typisches Verhalten.

Lieblingsplätze
Mittlerweile hat sich Ihr Kätzchen sicher seine Lieblingsplätze ausgesucht. Sind es immer dieselben, oder wechselt es gern mal: etwa von der Fensterbank aufs Sofa, vom Bett-Fußende auf den Kleiderschrank, vom Aussichtsplatz auf dem Kratz- und Kletterbaum zur gemütlichen Schlafhöhle in der Ecke? Und entdeckt es vielleicht von Zeit zu Zeit ganz neue Plätze, wie beispielsweise den Heizkörper oder die halb offen stehende Kommodenschublade mit Ihren Schals und Halstüchern? Gibt es einen eindeutigen Lieblingsplatz-Favoriten?

Auf Entdeckertour

»Lufthoheit«

Zwei Kätzchen – ein Revier. Haben beide die gleichen Lieblingsplätze? Das kann, muss aber nicht zu kämpferischen Auseinandersetzungen führen. Wahrscheinlicher ist, dass die beiden sich »katzendiplomatisch« einigen: Zu gewissen Zeiten hat der eine Vorrang auf dem Fensterplatz, ein paar Stunden früher oder später der andere.

Eltern-TIPP

Fotobuch anlegen

Kätzchen sind dankbare Fotomodelle, und Handy oder Digitalkamera hat man fast immer griffbereit. Am besten machen Sie mit Ihren Kindern ein gemeinsames Projekt daraus und sammeln über ein paar Monate die besten Aufnahmen. Diese können Sie ausdrucken und ganz klassisch ins Fotoalbum einkleben. Aber wie wär's, wenn Sie zusammen mit Ihrem Kind am Computer ein richtiges Fotobuch daraus machen?

Endlich daheim

Versteckt Ihr Kätzchen sich noch lange, wenn Besuch kommt? Oder siegt schon bald die Neugier? Zeigt es sich interessiert an dem, was Sie tun, und »hilft« gern mal bei der Küchenarbeit? Fordert es von sich aus zum Spielen auf und kommt schon mal zum Wecken, wenn es Hunger hat? Alles Anzeichen dafür, dass das Kätzchen in seiner neuen Familie und in seinem Revier wirklich »angekommen« ist.

Das Wohlfühl-Ambiente für kleine Tiger

Immer wie aus dem Ei gepellt – so sieht ein gesundes Kätzchen aus. Bis zu drei Stunden am Tag wendet es für seine Körperpflege auf, und eine saubere, gepflegte Umgebung trägt ebenso zu seinem Wohlgefühl bei.

DIE TÄGLICHE HYGIENE

Kann man bei Ihnen vom Fußboden essen? Keine Sorge, Sie müssen sich nicht zum Putzteufel entwickeln, um Kätzchens hygienische Ansprüche zu erfüllen. Aber seine Mahlzeiten sollte es auf sauberem Untergrund in einem sauberen, vor jeder Mahlzeit **heiß ausgespülten Napf** serviert bekommen. Futterreste säuern leicht und ziehen Fliegen oder anderes Ungeziefer an. Auch die Trinknäpfe sollten heiß abgewaschen werden, bevor Sie frisches Wasser einfüllen. Kätzchens Schlaf- und Liegemöbel bearbeiten Sie am besten einmal in der Woche mit dem Staubsauger; und alle zwei bis vier Wochen sollten auch Decken, Kissen und Bezüge gewaschen werden. Wenn Sie dem kleinen Tiger eine besondere Freude machen wollen, bügeln Sie den Bezug schön heiß – Katzen liegen nur zu gern auf frischer, warmer Bügelwäsche.

HAARIGE ZEITEN

Wenn der Fellwechsel ansteht, muss der Staubsauger öfter in Aktion treten, auch Fusselbürsten, Kleberollen und ähnliche Helfer haben Konjunktur. Eine gute Möglichkeit, Katzenhaare von Sofa, Sessel oder Tagesdecke zu entfernen: Gummihandschuhe anziehen und damit über die Flächen streichen – so entstehen »Haarwürste«, die sich gut entfernen lassen. In solch haarigen Zeiten sollten Sie auch die Katze öfter kämmen und bürsten – schon damit sie beim Putzen nicht so viele Haare verschlucken muss, die sich im Magen zu Haarballen verklumpen. Falls Kätzchen Kamm und Bürste nicht so sehr liebt, schätzt es vielleicht eine besondere Streichelmassage: Trocknen Sie Ihre Hände nach dem Waschen nicht vollständig ab, sodass etwas Feuchtigkeit zurückbleibt. Streichen Sie nun mit sanftem Druck über das Katzenfell – die losen Haare haben Sie schließlich als lange »Würste« in den Händen und können sie leicht entsorgen.

RUND UMS KATZENKLO

Hygiene ist an den »stillen Örtchen« besonders wichtig. Die Kistchen sollten gut fünf Zentimeter hoch mit Streu gefüllt sein. Entfernen Sie mindestens einmal täglich nasse Bestandteile – je besser die

Streu klumpt, desto einfacher geht es – und entsorgen Sie Häufchen so schnell wie möglich. Damit tun Sie nicht nur Tigers Näschen etwas Gutes, Sie verringern auch das Risiko einer Toxoplasmose-Infektion, weil die Erreger so gar nicht erst aktiv werden können (→ Seite 111). Ersetzen Sie die entnommene Streu durch frische.

Einmal pro Woche sollte die Katzentoilette heiß ausgespült, mit einem neutralen Reinigungsmittel tüchtig geschrubbt, anschließend getrocknet und teilweise mit frischer Streu aufgefüllt werden. Sollte die Streu nach drei oder vier Wochen trotz der täglichen Maßnahmen zu müffeln anfangen, empfiehlt sich ein Komplettaustausch; nicht klumpende Streu muss ohnehin öfter ausgetauscht werden. Katzentoiletten sind übrigens keine Anschaffung fürs Leben: Durch fleißiges Scharren bilden sich früher oder später Risse, und die Gerüche lassen sich nicht mehr einfach wegschrubben: Im Durchschnitt ist alle zwei Jahre ein neues Katzenklo fällig. Falls Sie vor dem Katzenklo eine abwaschbare Matte zum Auffangen von Streu platziert haben, schrubben Sie am besten auch die bei der wöchentlichen Reinigung gleich mit.

Desinfektionsmittel brauchen Sie für einen gepflegten Haushalt mit gesunden Menschen und Tieren in aller Regel nicht. Sollte es doch einmal nötig werden, achten Sie auf jeden Fall darauf, dass die Mittel für Katzen verträglich sind.

DIE »KLEINIGKEITEN«

Kamm und Bürste sowie alle anderen Pflegeutensilien sollten ebenfalls regelmäßig auf Sauberkeit überprüft und gereinigt werden. Fall sich das Tigerchen tatsächlich mal etwas eingefangen hat, ist sogar nach jeder Anwendung eine gründliche Reinigung fällig.

Spielzeug wird von munteren Kätzchen ganz schön strapaziert und durch die Gegend geschubst. Dabei landet es dann auch schon mal in recht staubigen Ecken. Selbst wenn nicht – so manche Plüschmaus, manches Stoffbällchen und manches Federspielzeug trägt nach einiger Zeit dann doch unverkennbare Spuren von Schmutz. Am besten waschen Sie solche »Kandidaten« einfach in lauwarmem Wasser und lassen sie außer Kätzchen-Reichweite trocknen. Waschmittel zu verwenden, empfiehlt sich nicht – schließlich wird das Spielzeug ja ständig ins Mäulchen genommen. Sollte die Verschmutzung zu stark sein, muss das Spielzeug dann doch entsorgt und gegen etwas Neues ausgetauscht werden.

Wenn Kätzchen seinen Pelz wechselt, braucht es Nachhilfe bei der Fellpflege.

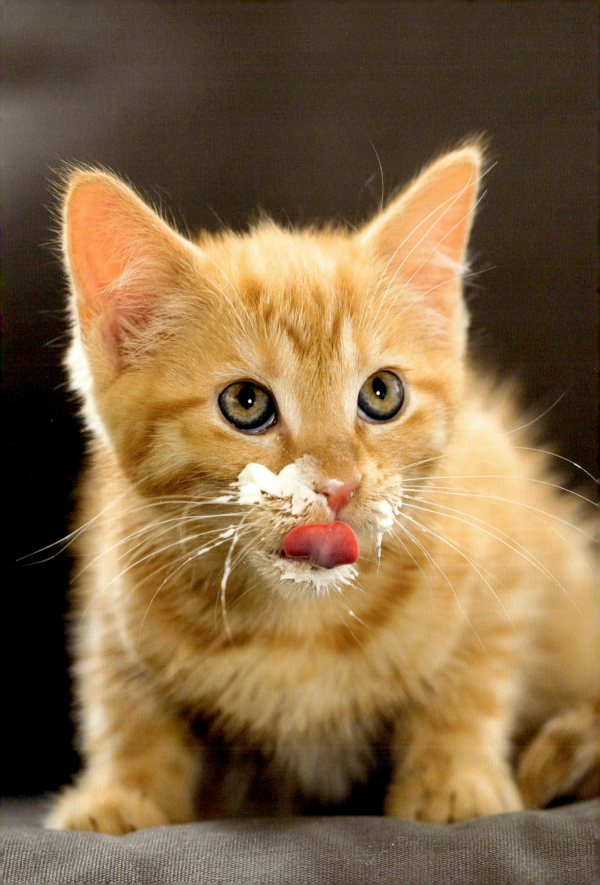

4

LECKER
UND
NAHRHAFT

Futtern macht Freude! Und hilft Ihrem Kätzchen, seine Energiespeicher aufzufüllen. Die richtige Ernährung trägt viel dazu bei, dass Ihr Tigerchen zu einem gesunden und munteren Tier heranwächst – mit allen Eigenschaften und Fähigkeiten, die eine Katze auszeichnen. Und übrigens: Auch Füttern macht Freude …

Ohne Fleisch geht gar nichts

Katzen sind Fleischfresser. Aber sie leben nicht vom Fleisch allein. Ein Blick auf Gebiss und Verdauungssystem unserer Tiger und auf den Speiseplan ihrer wilden Verwandten verrät, was sie sonst noch brauchen.

WAS DIE NATUR ZU BIETEN HAT

Sie kennen Familie *Felidae* bereits als Jäger-Dynastie. Die kleineren Mitglieder der Großfamilie ernähren sich vorwiegend von Tieren bis Rattengröße. Neben Kleinsäugern wie Mäusen, Ratten und jungen Kaninchen stehen auch Frösche, Fische und – vorausgesetzt, sie lassen sich erwischen – Vögel auf dem Speiseplan. Dieses Beuteschema hat sich auf unsere Stubentiger vererbt und bis heute nicht verändert. Auch Körperbau, Gebiss und Verdauungssystem der Hauskatze sind nach wie vor auf den Verzehr von Beutetieren eingestellt – ganz wie bei den »Wilden«.

Gebiss und Verdauungssystem

Katzen haben ein typisches Raubtiergebiss mit dolchartigen Fangzähnen zum Festhalten und Töten der erjagten Tiere und einer »Schere« aus sehr scharfkantigen Zähnen im Ober- und Unterkiefer. Sie zerschneidet die Beute in Happen, die sich problemlos schlucken lassen. Über die Speiseröhre werden die eingespeichelten Stücke in den Magen transportiert. Der ist recht dehnbar, wird von einer Schleimschicht geschützt und ist mit scharfen Verdauungssäften ausgestattet. Sie zersetzen die Happen zu einer Art Brei, der in den Dünndarm gelangt, wo – wie bei allen Fleischfressern – die eigentliche Verdauung beginnt. Gallenflüssigkeit und Enzyme der Bauchspeicheldrüse neutralisieren die Magensäure und lösen die Nährstoffe aus Kohlenhydraten, Fetten und Proteinen. Die zahlreichen Darmzotten nehmen diese Nährstoffe auf und leiten sie weiter in die Leber, wo sie gefiltert werden, bevor der Organismus sie vollständig resorbiert. Was der Körper nicht verwerten kann, wird von den Bakterien im Dickdarm weiter aufgespalten, eingedickt und schließlich nach draußen transportiert.

Die Vollwertkost der Wilden

Kätzchens wilde Verwandte fressen ihre Beutetiere ganz – mitsamt Fell, Sehnen, Haut, Knochen (oder Gräten) sowie Magen- und Darminhalt. Erst dadurch wird die Beute zur Vollwertkost und versorgt die Katze nicht nur mit den unverzichtbaren Nahrungsbausteinen Eiweiß und Fett, sondern auch mit Ballaststoffen und den Vitaminen, Mineralstoffen

Die Vollwertkost der Wilden 4

Hm, lecker! Fleisch schmeckt unseren Minitigern und versorgt sie mit den unverzichtbaren Amino- und Fettsäuren. Aber Muskelfleisch allein ist noch keine Vollwertkost.

und Spurenelementen, die Fleisch allein ihnen nicht bieten kann. Getreide und andere Pflanzenkost sind im Magen und Darm der erlegten Tiere bereits vorverdaut und erst damit für den Katzen-Organismus aufgeschlossen und zu verwerten. Unseren Etagentigern steht diese ursprüngliche Form von Vollwertkost ohnehin nicht zur Verfügung. Auch für die Freiläufer ist es nahezu unmöglich, mit der Beutejagd ihren Lebensunterhalt zu bestreiten: In Wohngebieten kommt heutzutage keine Katze mehr problemlos auf die benötigte Tagesration von etwa 15 bis 20 Mäusen. Darüber hinaus ist das Jagen an vielen Orten gar nicht mehr möglich. Trotzdem ist eine gesunde, ausgewogene und vollwertige Ernährung für die Vierbeiner lebenswichtig. Dafür müssen eben wir »Superkatzen« sorgen.

Richtige Ernährung leicht gemacht

Mäuse und anderes Kleingetier scheiden als tägliche Vollwertkost für den vierbeinigen Mitbewohner aus. Kein Problem – wer über seine Grundbedürfnisse Bescheid weiß, kann ihm trotzdem bestes Futter servieren.

DIE NAHRUNGSBAUSTEINE

Genau wie unsere Nahrung besteht auch Katzenfutter aus den Bausteinen Eiweiß, Fett und Kohlenhydraten. Katzen haben jedoch einen drei- bis vierfach höheren Eiweißbedarf, brauchen eher tierische als pflanzliche Fette und sehr viel weniger Kohlenhydrate als wir. Mit anderen Worten: Tischreste sind kein Katzenfutter.
Die Nahrungsbausteine im Einzelnen:
Protein (Eiweiß) ist für Katzen das A und O. Für eine gesunde Ernährung ist vor allem tierisches Protein aus Fleisch oder Fisch wichtig, auch Eier und Milchprodukte liefern Eiweiß. Es sorgt für Muskelaufbau, gesundes Zellwachstum und einen zuverlässig arbeitenden Stoffwechsel. Zudem versorgt es die Katze mit essenziellen Aminosäuren wie Taurin oder Arginin, die ihr Organismus nicht selbst bilden kann. Taurin ist u. a. für die Sehfähigkeit unverzichtbar, Arginin für den Harnstoffwechsel. Pflanzliches Eiweiß können Katzen weniger gut verwerten.
Fette liefern Energie, machen die Nahrung schmackhaft und die wichtigen Vitamine A, D, E und K erst verwertbar. Essenzielle Fettsäuren wie Linol- und Arachidonsäure (unter anderem wichtig für die Immunabwehr) müssen der Katze hauptsächlich über tierische Fette zugeführt werden. Pflanzliche Öle sind wegen ihrer Zusammensetzung weniger geeignet. Mangel an Fettsäuren hemmt das Wachstum und ist oft Ursache für Hautprobleme und stumpfes, glanzloses Fell.
Kohlenhydrate sind etwa enthalten in Getreide aller Art und Gemüse. Sie sind nicht zwingend notwendig, aber nützlich, wenn die Katze schnell verfügbare Energie braucht (etwa bei Trächtigkeit oder wenn

TIPP

Wasserstellen
Unsere Minitiger strafen den Wassernapf am Futterplatz mit Missachtung und löschen ihren Durst ebenso wie ihre wilden Vorfahren lieber an anderer Stelle. Bieten Sie daher Ihrem Kätzchen mehrere Trinkgelegenheiten in der Wohnung an.

Die Nahrungsbausteine

Am besten ohne Laktose: Das Schälchen Milch ist eine eiweißreiche Zwischenmahlzeit.

Auch für Kätzchens Zähne gut: Hochwertiges Trockenfutter hilft, Beläge zu reduzieren.

sie säugt). Alle Pflanzenkost muss gekocht oder gedünstet werden, damit der Organismus sie verwerten kann. Überschüssige Kohlenhydrate werden in Fett umgewandelt und in Muskulatur und Leber gespeichert – sie machen vor allem dick.
Vitamine steuern lebenswichtige Funktionen. Das fettlösliche Vitamin A muss mit der Nahrung zugeführt werden. Es wird für Immunabwehr, Sehkraft und gesundes Knochenwachstum benötigt. Auch Vitamine des B-Komplexes wie Thiamin (B1), Riboflavin (B2), Pyridoxin (B6), Vitamin B12, Folsäure, Biotin und Cholin muss die Katze mit der Nahrung aufnehmen. Sie sind wichtig für Zellwachstum, Nervenfunktionen, Knochenmark, Energiehaushalt und Stoffwechsel. B-Vitamine sind wasserlöslich, Überschüsse scheidet der Körper aus. Das ebenfalls wasserlösliche Vitamin C spielt für die Ernährung gesunder Tiere keine Rolle, weil die Katze es selbst herstellen kann. Das fettlösliche Vitamin D braucht sie für gesunde Knochen und Zähne. Vitamin E – ebenfalls fettlöslich – schützt Zellen vor freien Radikalen. Vitamin K steuert die Blutgerinnung. Die Katze bildet es selbst, es muss nur in Ausnahmefällen über die Nahrung zugeführt werden.
Mineralstoffe sind ebenso unverzichtbar wie Vitamine und werden wie diese ebenfalls nur in kleinen Mengen gebraucht. Kalzium ist unentbehrlich für die Knochenbildung, fürs Herz und für die Muskel- und Nervenfunktion. Phosphor ist ebenfalls wichtig für gesunde Knochen und Gelenke. Kalium wird gebraucht für den Flüssigkeitshaushalt und die Nervenfunktion. Auch das Zusammenspiel von Natrium, Chlor und Magnesium ist wichtig für Knochen- und Muskelbildung, für die Nervenfunktion und schließlich auf für den Flüssigkeitshaushalt.

Bitte auf die Tagesration anrechnen: wenn Kätzchen sich ein Leckerchen zur Belohnung verdient hat.

Spurenelemente sind jene Mineralstoffe, die der Organismus nur in allerkleinsten Mengen benötigt. Dazu gehören neben Eisen und Kupfer (für den Sauerstoff im Blut) auch Mangan (für Nerven, Fell und Pigmente), Zink (für Verdauung und Gewebe), Fluor (für Zähne und Knochen) und Jod (für die Schilddrüse).

Ballaststoffe schließlich sind unverdauliche Nahrungsbestandteile (wie etwa Fell und Sehnen eines Beutetiers), die den Darm gut in Schwung halten und so Verstopfung oder ähnlichen Verdauungsproblemen entgegenwirken. Kleine Portionen von faserreichem Gemüse wie Möhren, Zucchini oder Brokkoli liefern auch Stubentigern die nötigen Ballaststoffe.

BESONDERE BEDÜRFNISSE

Ihr Kätzchen braucht die gleichen Nahrungsbestandteile wie seine ausgewachsenen Artgenossen. Als Katzenkind im Wachstum hat es aber auch besondere Bedürfnisse. Vor allem an Energie. Während eine ausgewachsene Katze je nach Aktivität am Tag mit 60 bis 80 kcal pro kg Körpergewicht auskommt, braucht ein drei bis fünf Monate altes Tigerchen gut 130 kcal pro kg Körpergewicht. Im Verhältnis gesehen braucht es auch mehr Eiweiß, mehr Vitamine und Mineralstoffe für die »Aufbauarbeit« des Organismus.

Die Sache mit der Milch: Als Getränk ist Wasser die erste Wahl. Ein Schälchen Milch dann und wann ist allerdings wegen der wertvollen Inhaltsstoffe wie etwa Eiweiß und Kalzium eine gute Zwischenmahlzeit – vorausgesetzt, Ihr Tiger verträgt den enthaltenen Milchzucker. Viele Katzen können Laktose nicht verdauen und bekommen von Milch Bauchschmerzen und Durchfall. Die »Katzenmilch« aus dem Handel, laktosefreie Milch und Joghurt, Quark oder Hüttenkäse dagegen werden meist problemlos vertragen und sind gut für die Darmflora.

Nahrungsergänzung: Wenn Ihr Kätzchen gesund ist und ausgewogen ernährt wird, braucht es nur wenige Nahrungsergänzungsmittel. Katzengras allerdings ist für alle Stubentiger ein Muss. Es dient als Brechhilfe, um Haarballen hervorzuwürgen. Außerdem liefert es das B-Vitamin

Folsäure. Gelegentliche Gaben von Malzpaste helfen, die beim Putzen verschluckten Haare durch den Darm zu transportieren. Bierhefeflocken liefern das B-Vitamin Biotin, sind gut für Haut und Fell und stärken Kätzchens Appetit. Zum Aufpäppeln kranker und schwacher Tiere und bei manchen Ernährungsformen können zusätzliche Vitamin- und Mineralstoffgaben notwendig werden. Der Bedarf muss aber tierärztlich abgeklärt werden.

GESUNDE KATZENERNÄHRUNG

Katzenernährung ist eine Wissenschaft für sich. Aber keine Sorge: Sie dürfen es sich einfach machen. Wenn Sie als Grundlage qualitativ hochwertiges Fertigfutter nehmen, bekommt Ihr Kätzchen alle benötigten Nähr- und Wirkstoffe im richtigen Verhältnis, und Sie brauchen sich über Vitamin- und Mineralzusätze keine Gedanken zu machen. Auch nicht, wenn Sie gelegentlich auf andere Ernährungsformen (selbst gekochtes Futter oder BARF) zugreifen: Bei einem Anteil von 80 Prozent Fertigfutter-Vollkost sind keine Ergänzungsgaben nötig.

Hochwertiges Fertigfutter

Fertigfutter ist nicht nur praktisch. Ernährungswissenschaftler, Biologen und Tierärzte haben mit dem Nassfutter gewissermaßen das »Beutetier in der Dose« entwickelt. Es enthält alles, was die Katze braucht, und deckt auch einen großen Teil des Flüssigkeitsbedarfs ab. Hochwertiges Futter finden Sie im Zoofachhandel (→ Zusatzwissen). Viele Hersteller bieten für Jungtiere spezielles Futter mit erhöhtem Eiweiß- und Energiegehalt an. Die Kleinen haben tatsächlich einen größeren Bedarf an beidem; dennoch können Sie Ihr Kätzchen mit jedem hochwertigen Futter gesund großziehen. Zum Aufpäppeln schwacher Tiere allerdings eignet sich das Spezialfutter sehr gut. Damit der hohe Energiegehalt nicht auf die Figur geht, sollten Kätzchen aber mit spätestens einem Jahr kein Junior-Futter mehr bekommen.

ZUSATZWISSEN

Was enthält das Fertigfutter?
Studieren Sie die Zusammensetzung des Fertigfutters genau. Bei hochwertigem Futter ist an erster Stelle Fleisch oder Fisch verzeichnet, Nebenerzeugnisse sind einzeln aufgeführt. Die Rubrik Zusatzstoffe verrät, welche Vitamine, Mineralstoffe und Spurenelemente dem Futter zugesetzt sind, und auch, womit die Fette vor dem Ranzigwerden geschützt sind. Bei hochwertigem Futter sollten das die Vitamine E und/oder C sein. Auch die Aminosäure Taurin darf in der Liste der Zusatzstoffe auftauchen – Farbstoffe, künstliche Aromastoffe, Zucker und Karamell dagegen besser nicht.

LECKER UND NAHRHAFT

Kätzchens Lieblingsfutter

Stückchen in Sauce
Fertigfutter, das schon einen großen Teil des Flüssigkeitsbedarfs deckt.

Lecker Leber
Gedünstet: Hähnchenleber mit Reis.

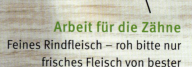

Arbeit für die Zähne
Feines Rindfleisch – roh bitte nur frisches Fleisch von bester Qualität verfüttern.

Feine Bröckchen
Viel Fleisch, wenig Getreide – so sollte ein gutes Trockenfutter beschaffen sein.

Thunfisch-Filet
Begehrt, aber kein Alleinfutter.

Hühnchen gekocht
Für manches Kätzchen geradezu unwiderstehlich.

Filet-Futter
Von Huhn, Thunfisch oder anderem: Filet-Stückchen, umhüllt von würzigem Gelee. Verwöhn-Futter aus dem Beutel.

Feine Pâté
Mögen manche lieber als das Nassfutter in Sauce.

LECKERLI-CHECK

Leckerbissen sind als Belohnung nützlich, machen Spiele interessanter oder dienen als »Versteck« für Medikamente.

- ☐ Erlaubte Leckerbissen aus der Küche: ab und zu eine Messerspitze Butter, hart gekochtes Eigelb übers Futter gebröckelt, etwas Joghurt oder Hüttenkäse, ein wenig Leberwurst (gibt's für Katzen auch als Paste in der Tube) oder ein paar Kügelchen Lamm- oder Beefsteakhack.
- ☐ Bei Leckerlis aus dem Handel auf die Zusammensetzung achten. Je höher der Fleischanteil, desto besser. Auch Milch und Molkereierzeugnisse sind akzeptable Eiweißquellen. Leckerlis mit hohem Getreideanteil und/oder Zusätzen von Farbstoff, Zucker und Karamell so sparsam wie möglich einsetzen.
- ☐ Die kleinen Snacks auf die tägliche Futterration anrechnen, sonst kommen schnell zu viele Kalorien zusammen.
- ☐ Lohn für Leistung: Futterbälle zum Beispiel geben den begehrten Inhalt nur frei, wenn sie tüchtig bewegt werden.
- ☐ Verboten, weil schädlich bis giftig: Kekse und Kuchen, Avocados, Hülsenfrüchte, Kakao, Knoblauch, Rosinen, Schokolade, Weintrauben und Zwiebeln.

Pro und contra Trockenfutter

Praktischer geht's nicht: Ein bis zwei Hände voll Trockenfutter in den Napf, und das Kätzchen kann sich über eine vollwertige Mahlzeit hermachen. Meist schmeckt es gut, es kann helfen, Zahnbeläge zu reduzieren, und das Futter verdirbt nicht, wenn es mal längere Zeit im Napf liegt. Trotzdem ist Trockenfutter mit Vorsicht zu genießen. Damit es überhaupt zu knusprigen Futterbröckchen verbacken werden kann, ist Getreide nötig. Das bedeutet: mehr Kohlenhydrate. Während Nassfutter etwa 80 Prozent Wasser enthält, sind es bei Trockenfutter gerade einmal 10 bis 15 Prozent. Damit es nicht zu Nieren- und Blasenproblemen kommt, müsste Ihr Kätzchen für einen Napf »Bröckchen« drei Näpfe Wasser leeren. Keine Katze trinkt so viel. Drei Regeln helfen, Probleme zu vermeiden:

1. Nur hochwertiges Trockenfutter servieren! Hauptbestandteil muss Fleisch bzw. Fisch sein und nicht etwa Getreide. Geben Sie sich nicht zufrieden, wenn die Fleischsorte an erster Stelle der Zutatenliste mit einer hohen Prozentangabe genannt wird, denn das bezieht sich nur auf die ungetrocknete Fleischmasse. Der Anteil im trockenen Futter ist weit geringer. So sollte zum Beispiel nicht »Huhn« oder »Hühnerfleisch« auf der Packung stehen, sondern »Hühnerfleischmehl« oder »dehydriertes Huhn« – ebenfalls mit hoher Prozentangabe.
2. Ein Drittel Trockenfutter und zwei Drittel Nassfutter als tägliche Futtermenge sind ein guter Kompromiss. Damit stellen Sie sicher, dass Ihr Tiger genügend Feuchtigkeit aufnimmt. Und sorgen Sie immer für reichlich Wasser.

FUTTER SELBST ZUBEREITEN

Fleisch, Fisch und Innereien sind die wichtigsten Nahrungsbestandteile, aber …

- **… wenn Sie nur Fleisch** füttern, bekommt Ihr Kätzchen zu wenig Kalzium und zu viel Phosphor. Kalziummangel kann zu Skelettschäden und spontanen Knochenbrüchen führen, Phosphorüberschuss zu Gelenkproblemen.
- **… die Vitaminversorgung** kann zum Problem werden. Wenn Sie öfter als einmal alle zwei Wochen Leber und viel Fisch verfüttern, besteht die Gefahr einer Überversorgung mit Vitamin A und auch D. Das kann zu Knochenwucherungen, Bewegungsproblemen und Organschäden führen. Roher Fisch und rohes Eiklar »rauben« B-Vitamine, was Haut und Fell schaden kann.
- **… rohes Fleisch** kann Krankheitskeime enthalten, etwa Salmonellen oder Toxoplasmose-Erreger. Absolut tabu ist rohes Schweinefleisch, weil sich darin das für Katzen tödliche Aujeszky-Virus verbergen kann (→ Seite 109 und 111).

Für Katzen-Mahlzeiten eignen sich Muskelfleisch von Rind und Lamm, Herz, Geflügelfleisch oder Fisch, am besten alles schonend gedünstet. Dünsten Sie eine Mini-Menge Gemüse mit und geben Sie ein bisschen Reis, ein paar Haferflocken oder Graupen (alles gekocht) dazu. Alles nur ganz schwach salzen und ohne Gräten und Knochen servieren.

Barfen – roh ohne Risiko?

BARF, die »biologisch artgerechte Rohfütterung«, ist ein neuer Trend in der Katzenernährung. Sie besteht aus rohem Fleisch, rohen Knochen und Ergänzungsmitteln (Supplemente). Die Rohfütterung kann Nahrungsmittelallergien und Zahnproblemen entgegenwirken, setzt aber eine Menge Kenntnis und große Sorgfalt voraus. Um Risiken zu minimieren:

- Nur Fleisch erstklassiger Qualität verwenden und sofort weiterverarbeiten.
- Für längere Haltbarkeit und zum Abtöten eventuell vorhandener Parasiten portionsweise einfrieren. Vorsichtig auftauen – erst im Kühlschrank, dann bei Zimmertemperatur.
- Nicht mehr als 30 Prozent Knochen füttern, weil sonst ein Überangebot von Kalzium entsteht.
- Supplemente sorgfältig berechnen – dafür gibt es Hilfen in verschiedenen Internet-Portalen und auch in manchen Tierarzt-Praxen. Komplettpräparate vereinfachen die Handhabung.

Eltern-TIPP

Bastelspaß
Ist Ihr Kind ein kleiner Künstler? Dann hat es sicher Spaß daran, aus Eierpappen, leeren Toilettenpapierrollen oder kleinen Kartons, in die seitlich ein paar Löcher geschnitten werden, feine Verstecke für Leckerlis und Trockenfutter zu basteln. »Versteckt« wird das Futter übrigens vor Kätzchens Augen, die Herausforderung besteht darin, die begehrten Stückchen mit den Pfoten herauszuangeln.

Auf Entdeckertour: Rund ums Futtern

Leckerli-Parade
Zeitvertreib und Gaumenschmaus zugleich: Legen Sie verschiedene Leckerbissen unter durchsichtige umgestülpte Plastikbecher und stellen Sie sie im Kreis oder nebeneinander auf. Das Kätzchen muss die Becher umstoßen, um an die leckeren Happen zu kommen. Wie schnell hat es den Bogen raus? Und welche Körperteile setzt es ein, um die Aufgabe zu bewältigen? Nimmt es die Pfötchen zu Hilfe, stößt es die Becher mit dem Mäulchen um, oder hat es noch ganz andere Tricks auf Lager?

Wie jeder zu seinem Recht kommt
Manche Katzen futtern einträchtig an ihrem Essplatz, andere geben sich mit dem eigenen Anteil nicht zufrieden und wildern im Nachbarnapf. Solange beide zu ihrem Recht kommen, ist das »Über-Kreuz-Futtern« kein Problem. Anders sieht es aus, wenn ein angehendes Alpha-Tierchen seinen Rivalen vom Futterplatz verdrängt und das gesamte Futter für sich beansprucht. Da wird einer buchstäblich untergebuttert, und der andere bekommt zu viel. Appelle oder gar Strafen nützen nichts. Hilfreicher ist es, getrennte Futterplätze einzurichten und die Konkurrenten bei ihren Mahlzeiten zu überwachen.

Auf Entdeckertour

»Das schmeckt mir nicht!«

Mancher Minitiger kann ganz schön stur sein, wenn ihm der Napfinhalt nicht so recht zusagt. Nehmen Sie verschmähtes Futter nach einiger Zeit weg. Lassen Sie sich nicht verleiten, nur noch ausgemachtes »Lieblingsfutter« zu servieren. Solche Einseitigkeit könnte auf Dauer der Gesundheit des kleinen Feinschmeckers schaden.

Eltern-TIPP

Die Katzen-Ration
Viele Kinder teilen gern Leckerbissen mit ihren samtpfotigen Freunden. Leider sind Süßigkeiten, Schokolade oder Kuchen und Kekse für Katzen absolut tabu. Der Ausweg: Schenken Sie Ihrem Kind ein hübsches »Katzen-Döschen«. Hinein kommt eine kleine Ration Katzen-Leckerlis (die Sie auf den Nahrungsbedarf angerechnet haben). So können die zwei- und vierbeinigen Naschkatzen gemeinsam genießen.

Futter »angeln«

Ein echter Jäger muss auch mal auf die Pirsch gehen. Spendieren Sie Ihrem Kätzchen zum Beispiel eine Futterkugel, aus der Leckerlis herausfallen. Oder »verstecken« Sie Leckerbissen vor seinen Augen. Werden sie gefunden und aus ihren Verstecken herausgefummelt? Falls Samtpfötchen nicht mitspielt, spricht das nicht unbedingt gegen seine Intelligenz. Katzen tun eben nur, wozu sie wirklich Lust haben …

Die tägliche Futterroutine

Unsere samtpfotigen Mitbewohner legen bei ihren Mahlzeiten schon Wert auf einen gewissen Rahmen. Und darauf, dass alles so abläuft, wie es ihnen von (Gewohnheits-)Rechts wegen zusteht.

FÜTTERN SCHAFFT VERTRAUEN

Kommt ein Kätzchen in seine neue Familie, hat es trotz aller Neugier oft erst einmal ein wenig Angst vor der fremden Welt und braucht vertrauensbildende Maßnahmen. Dazu gehören auch die täglichen Mahlzeiten. Servieren Sie Ihrem Tigerchen für einen guten Start genau das, was es aus seinem ersten Heim schon kennt – selbst wenn es nicht die ideale Kost sein sollte. Das vertraute Futter signalisiert: »Keine Angst, du siehst, auch hier wird für dich gesorgt.« Nach und nach dürfen Sie weniger gutes Futter durch besseres ersetzen. Sehen Sie aber von abrupten Umstellungen ab, denn die haben oft Erbrechen und Durchfall zur Folge.

Selbstbedienung oder nicht?

Für viele Katzen ist der Futterplatz so etwas wie ein Selbstbedienungsbuffet. Das kommt den Häppchenfressern unter ihnen durchaus entgegen, ist aber nicht ganz unproblematisch. Manches Futter wird im Napf ziemlich schnell sauer und zieht an heißen Tagen Fliegen an. Und für einige Tiger ist es einfach nicht gut, immer Futter zur Verfügung zu haben – neben der natürlichen »Essbremse« bleibt da auch oft der Spaß am Fressen auf der Strecke.

Mehrere Mahlzeiten am Tag

Blitzschnell auf Touren und nach intensivem Spiel ebenso schnell wieder »hundemüde«. Kätzchens Akkus werden stark beansprucht und sind nur zu bald leer, wenn kein Energienachschub in Form von Futter kommt. Größere Mengen auf einmal kann der kleine Räuber nicht fressen, weil sein Magen noch nicht besonders dehnbar ist. Ein Futterplan hilft, die stetige Energiezufuhr Ihres Kätzchens zu sichern. Und so könnte der Plan – hier auf Fertigfutter basierend – aussehen:

- **Mit 12 bis 16 Wochen** bekommt das Kätzchen vier bis fünf kleine Mahlzeiten von je 60 bis 75 Gramm. Die erste gibt's am besten gleich nach dem Aufstehen, die folgenden im Abstand von jeweils drei bis vier Stunden. Das wird schwierig, wenn Sie tagsüber außer Haus sind. Stellen Sie Ihrem Kätzchen in diesem Fall ein Schälchen mit etwa 30 g hochwertigem Trockenfutter als Ersatz für zwei Mahlzeiten hin.

Geliebte Futter-Rituale 4

Skandalöse Leere im Futternapf! Kümmert sich denn hier niemand um das hungrige Kätzchen?

Napf gefüllt, alles wieder gut! Eine leckere Mahlzeit lässt allen Frust vergessen.

- **Vom 5. bis 6. Monat** gibt es drei bis vier Mahlzeiten von je 75 bis 100 Gramm im Abstand von etwa vier bis fünf Stunden. Ist Kätzchen tagsüber allein, bekommt es als Ersatz für zwei Nassfutter-Mahlzeiten 40 Gramm Trockenfutter.
- **Vom 7. Monat an** gibt es wieder eine Mahlzeit weniger und eine Stunde Abstand mehr zwischen den Fütterungen. Die Portionen dürfen dafür größer werden – etwa 150 Gramm pro Mahlzeit und falls nötig ein wenig Trockenfutter.
- **Mit 9 Monaten** gibt es dann zwei Mahlzeiten pro Tag, eine morgens und eine abends mit jeweils 150 bis 200 Gramm Fertigfutter. Falls Sie Trockenfutter nicht in die tägliche Ernährung (zwei Drittel Nass-, ein Drittel Trockenfutter) aufnehmen wollen, können Sie es als gelegentliches Leckerchen reichen.

Alternative Lösung für Berufstätige: Im Handel gibt es Futterautomaten mit Zeitschaltuhr. Sie werden mit Futter befüllt und geben ihren Inhalt zur von Ihnen eingestellten Zeit frei. Probieren Sie aber besser zuerst einmal aus, ob Ihre Samtpfote das »Automaten-Futter« akzeptiert.

Geliebte Futter-Rituale

Verlässliche positive Abläufe schaffen Bindung und Vertrauen. Auch deshalb lieben Katzenkinder bestimmte Rituale. Füttern Sie also morgens nicht einfach zwischen Tür und Angel, sondern nehmen Sie sich vor dem Servieren Zeit für eine ausführliche Streichelbegrüßung. Integrieren Sie »Beutespiele« mit kleinen Leckerbissen in die Spielrunden. Locken Sie dann ruhig mit hellen Rufen. Pflegesitzungen lässt Kätzchen lieber über sich ergehen, wenn sie mit einem Leckerli zur Belohnung abgeschlossen werden. Auch bei der Abendmahlzeit sollten Sie sich vorweg Zeit zum Streicheln und Spielen nehmen.

Wenn es beim Futtern Probleme gibt

Alarm für »Dosenöffner«: Das Kätzchen futtert begeistert, spuckt Minuten später aber alles wieder aus. Oder es straft liebevoll servierte Mahlzeiten mit Verachtung. Ebenso beunruhigend: Der Minitiger ist unersättlich.

SCHONKOST FÜRS KÄTZCHEN

Samtpfötchen hat begeistert gefuttert – und alles wieder von sich gegeben? Was für ein Katzenjammer! Schließlich haben Sie darauf geachtet, dass mit dem Fleisch alles in Ordnung ist … Krankheit? Nahrungsmittelallergie? Wahrscheinlich ist es viel banaler: Der kleine Gierschlund hat alles viel zu schnell hinuntergeschlungen. Andererseits können auch Kätzchen mal an einer kurzfristigen Magen- und Darmverstimmung leiden – sei es, dass sie sich einen kleinen bakteriellen Infekt eingefangen haben, dass das Futter zu kalt, zu heiß oder zu fett war oder die stibitzte Sahne nicht vertragen wurde. Die Folge: Erbrechen und Durchfall. In solchen Fällen heißt es als Erstes: **Nulldiät!** Und zwar für gut 12 Stunden, damit sich der Magen-Darm-Trakt erholen kann. Trinken darf Kätzchen abgekochtes Wasser mit einer kleinen Prise Salz gegen den Mineralstoffverlust, aber auch dünnen Kamillen- oder Fencheltee. Weiter geht es mit **Schonkost** in kleinen Portionen – wenn möglich 6 bis 7 Mahlzeiten. Für eine Magen-Darm-Diät eignet sich gekochtes Hühnerfleisch oder auch gedünstetes Fischfilet (ohne Gräten!). Kochen Sie ein wenig Reis mit, vermengen Sie alles gut und geben Sie etwas Brühe darüber. Oft stellt sich schon nach der 12-stündigen Fastenzeit eine deutliche Besserung ein. Sollten die Beschwerden über 2 Tage anhalten oder sich verschlimmern, gibt's nur eins: zum Tierarzt!

WENN DER APPETIT FEHLT

Gesunde Kätzchen haben einen gesunden Appetit. Eine Futterverweigerung über 24 Stunden ist ein Grund, sich mit dem

> **TIPP**
>
> **Gewichtskontrolle**
> Wiegen Sie Ihr Kätzchen in regelmäßigen Abständen. So geht's am besten: Erst selbst auf die Waage steigen, Gewicht merken, dann mit dem Kätzchen auf dem Arm nochmals auf die Waage steigen und das erste Ergebnis vom zweiten abziehen.

Tierarzt zu beraten. Wenn Apathie oder andere Krankheitsanzeichen dazukommen, ist ein Praxisbesuch unumgänglich. Wirkt das Kätzchen dagegen, abgesehen von seiner Fress-Unlust, fit und gesund, können Sie die Dinge entspannter angehen. Manchmal liegt es am Wetter, dass Samtpfötchen statt Futter lieber eine Mütze Schlaf nimmt. Oder es hat schon etwas bekommen – nachbarschaftliche »Bratkartoffel-Verhältnisse« sind nicht so selten. Eine weitere Möglichkeit: Tigerchen findet sein Futter nicht attraktiv genug. Oft helfen schon kleine Korrekturen:

- **Futter anwärmen,** damit sich der Fleischgeruch besser entfaltet.
- **Aroma verstärken.** Dazu eignen sich Hefeflocken (Vitamin B), die über das Futter gestreut werden, oder ein Schuss Fleisch- bzw. Hühnerbrühe als Zusatz. Bei einer Fischmahlzeit passen Fischflocken oder ab und zu ein paar Tropfen Fischöl aus dem Fachhandel besser.
- **Ein wenig Parmesan-Käse** übers Futter streuen. Katzen mögen den Geruch.
- **Leckerlis streichen.** Nicht etwa als Strafmaßnahme, aber zu viel »Naschkram« kann buchstäblich den Appetit und die Freude am Fressen verderben.

ALLZU RUND IST UNGESUND

Kätzchen, die allzu kalorienreich ernährt werden, bilden mehr Fettzellen aus, und damit droht ihnen im späteren Leben Übergewicht – mit negativen Folgen für Gesundheit und Beweglichkeit. Achten Sie deshalb von vornherein auf Gewicht und Figur Ihres Minitigers. Sollte er beim Trockenfutter allzu begeistert zuschlagen, stellen Sie es außerhalb der Mahlzeiten

Viel zu viele Kalorien auf einmal! Beute vom Menschentisch lagert sich nur zu bald als »Hüftgold« an.

besser außer Reichweite. Rechnen Sie Leckerlis und »Sonderzuwendungen« in den täglichen Kalorienbedarf mit ein.
Dazu eine Richtschnur: 12 bis 20 Wochen alte Kätzchen brauchen etwa 130 kcal pro Kilogramm Körpergewicht, danach etwa 100 bis 110 kcal/kg, und mit einem Dreivierteljahr sind es dann wie bei erwachsenen Tieren 80 bis 100 kcal/kg. Nach der Kastration reduziert sich der Kalorienbedarf auf ca. 80 kcal/kg. Manches Tigerchen hat jedoch einen größeren oder kleineren Kalorienbedarf als der Durchschnitt.

5

GESUND UND GEPFLEGT

Katzen sind gut für unser Wohlbefinden. Und wer sorgt für Samtpfötchens Wohlbefinden? Natürlich die »Superkatze« Mensch! Sie kann eine ganze Menge dafür tun, dass der vierbeinige Freund ein langes, gesundes und glückliches Leben führt: mit Liebe, Verständnis und der richtigen Gesundheitspflege.

Körperpflege – worauf Sie achten müssen

Wie jede Katze, die auf sich hält, widmet auch Ihr Kätzchen seiner Körperpflege mehrere Stunden am Tag. Trotzdem braucht es Ihren aufmerksamen Blick und gelegentlich auch ein bisschen liebevolle Pflege-Nachhilfe.

GESUNDHEITSPFLEGE IM BLICK

Ein munteres und gesundes Kätzchen ist immer wieder ein schöner Anblick. Genießen Sie ihn – und schauen Sie von Zeit zu Zeit noch genauer hin. Der aufmerksame Blick verrät Ihnen viel über Samtpfötchens Gesundheitszustand.

Ohren

Schauen Sie sich die Ohrmuscheln an und schnuppern Sie auch ruhig mal. Alles sauber und geruchsfrei? Prima! Absonderungen, unangenehmer Geruch und häufiges Kopfschütteln weisen auf Ohrmilben hin (→ Seite 111). Wenden Sie sich in diesem Fall an Ihren Tierarzt.

Augen

Ein gesundes Kätzchen hat klare, glänzende Augen. Tränende Augen können auf eine Bindehautentzündung hinweisen. Tränen die Augen auch am nächsten Tag noch, sollte der Tierarzt konsultiert werden. Hin und wieder ein wenig »Schlaf« im Augenwinkel ist kein Problem. Entfernen Sie solche Verkrustungen mit einem sauberen angefeuchteten Läppchen oder aber mit einem feuchten Reinigungstuch aus dem Fachhandel (→ Seite 104).

Gebiss

Schauen Sie Ihrem Kätzchen gelegentlich auch ins Mäulchen. Das geht am besten, wenn es Sie gerade freundlich angähnt. Oder Sie »überreden« es durch sanften Druck auf die Mundwinkel (→ Seite 113).

Warmes Plätzchen, weiche Bürste – so lässt sich Kätzchen gern verwöhnen.

Weiße Zähnchen und rosa Maulschleimhäute? Wunderbar! Schnuppern Sie auch: Unangenehmer, »fauliger« Geruch weist auf Probleme wie Zahnstein oder Zahnfleischentzündung hin, die nur der Tierarzt lösen kann. Er sollte ohnehin einmal im Jahr das Gebiss kontrollieren.

Fell

Ein glattes, glänzendes Fell spricht für ein gesundes Tier mit der gesunden Putzlust seiner wilden Vorfahren. Bei Knoten im Fell oder Verfilzungen ist Pflegehilfe mit Kamm und Bürste nötig. Schuppenbefall, kahle Stellen oder stumpfes, glanzloses Fell können auf Milben, andere Parasiten oder eine Pilzerkrankung hinweisen (→ Seite 110 und 111) und sollten tierärztlich untersucht werden. Das Gleiche gilt, wenn Kätzchen sich gar nicht mehr putzt – denn dann ist es ganz bestimmt nicht gesund.

Po und so

Der Blick aufs Hinterteil sagt Ihnen ebenfalls einiges über Kätzchens Gesundheitszustand. Alles sauber unterm Schwanz und fester, geformter Kot im Kistchen? Wurmbefall (→ Seite 110) verursacht häufig Durchfall, beeinträchtigt Appetit und Allgemeinbefinden und mindert die Putzlust. Ihr Tierarzt kann helfen.

SCHÖNES FELL – TIPPTOPP GEPFLEGT

Ein kurzhaariges Kätzchen erledigt den Löwenanteil seiner Fellpflege selbst. Bei den langhaarigen und halblanghaarigen reichen dafür aber oft weder die ererbte Lust am Putzen aus noch die »Werkzeuge« wie Zunge, Pfoten und Zähne. Hier muss

WOHLFÜHL-CHECK

Geht es Ihrem Kätzchen gut? Die folgenden Punkte können Ihnen helfen, diese Frage zu beantworten.

- ☐ Ihr Kätzchen hat klare Augen. Das Fell um die Augen ist nicht verklebt, und es kneift auch nicht die Augen zu.
- ☐ Die Schleimhäute an den Augen und im Mäulchen sind rosarot und gut durchblutet.
- ☐ Die Nase ist sauber, leicht feucht und bis zum Nasenspiegel hin behaart.
- ☐ Sein Fell glänzt. Das Fell zwischen den Beinen und am Bauch ist bei Langhaarkatzen nicht verfilzt.
- ☐ Das Tier bewegt sich mit geschmeidiger Eleganz, wobei es beim Laufen alle vier Beine gleichmäßig belastet.
- ☐ Es ist munter und neugierig und zeigt den vertrauten Personen gegenüber keine Scheu.
- ☐ Es genießt seine Mahlzeiten. Sein Bäuchlein ist rund und nicht eingefallen.
- ☐ Es hält sich sauber und lässt sich bereitwillig kämmen und bürsten.
- ☐ Beim Liegen kann es sich völlig entspannen.
- ☐ Es kommt mit Freude zum Spielen.
- ☐ Es ist meist da, wo sich auch seine Menschen aufhalten.

der Mensch täglich mit Kamm und Bürste parat stehen. **Bei Langhaarkatzen** und halblanghaarigen mit viel Unterwolle müssen Sie sich auf längere Sitzungen einrichten, bei halblanghaarigen ohne Unterwolle geht's schneller. Nicht nur Rücken und Flanken brauchen Kamm und Bürste, sondern auch Bäuchlein, Achseln und Geschlechtsbereich – bitte ganz sanft vorgehen, auch ein Tigerchen hat seine empfindlichen Zonen.

Kurzhaarkätzchen sollten etwa ein- bis zweimal pro Woche gekämmt und gebürstet werden – meist ist das in ein paar Minuten erledigt. Während des Fellwechsels im Herbst und im Frühjahr ist häufigere Fellpflege ratsam: Alle losen Haare, die Sie herauskämmen oder -bürsten, braucht Ihr Kätzchen nicht mehr zu schlucken. Bei vielen Kurzhaarkatzen genügen zur unterstützenden Fellpflege bereits »Streicheleinheiten« mit dem Noppenhandschuh (→ Seite 105). Sehr kurzhaarige Kätzchen (Siam, Burma) brauchen Sie nur ganz zart zu kämmen und gar nicht groß zu bürsten – gehen Sie ihnen einfach dann und wann mit einem weichen, leicht angefeuchteten Fensterleder übers Fell. Regelmäßiges Kämmen hat einen wichtigen Zusatznutzen: Sie sehen schnell, ob Ihr Kätzchen in seinem Fell ungebetene Gäste beherbergt. Wenn sich Rückstände im Kamm zeigen, ist es Zeit für einen Flohtest: Kämmen und bürsten Sie das Samtpfötchen auf einer hellen Unterlage. Sind dort schwarze Krümel zu sehen, die rötliche Wischspuren hinterlassen, ist es klar: Kätzchen hat Flöhe (→ Seite 110). Ihr Tierarzt hat die richtigen Mittel gegen die lästigen Vampire.

Ein Ritual zum Wohlfühlen

Für Ihren Langhaar- oder Halblanghaartiger ist es besonders wichtig, dass die **tägliche Frisierstunde** zum rundum erfreulichen Ritual wird. Lassen Sie Prinz oder Prinzessin Seidenhaar auf einem angewärmten Handtuch Platz nehmen, eröffnen Sie die Sitzung vielleicht mit einem Leckerli und streichen Sie ganz sanft mit dem Kamm durchs Fell (→ Foto, Seite 100). Immer schön mit dem Strich, dagegen ist allen Katzen unangenehm. Spüren Sie auch mit den Fingern nach. Gibt es **kleinere Knoten,** lösen Sie diese vorsichtig auf. Danach ebenfalls sanft und vorsichtig glatt kämmen. Auch ein paar Striche mit der Drahtbürste dürfen sein, damit Kätzchen alle Werkzeuge kennenlernt und keines fürchtet, wenn die Haarpracht ihre volle Länge erreicht hat und

> **Eltern-TIPP**
>
> **Aufgaben für Kinder**
> Ihr Kind ist noch zu klein, um ein Kätzchen selbstständig zu betreuen und zu versorgen, möchte aber gern helfen? Kein Problem! Wenn es sanft mit dem Tier umgehen kann, übernimmt es bestimmt gern mal das Bürsten. Andere Möglichkeiten: Futter und Wasser bereitstellen, zur »Spielstunde« Bällchen kullern lassen, nicht mehr beachtetes Katzenspielzeug wegräumen und gegen anderes austauschen.

noch pflegeintensiver wird. Wenn Sie sich täglich Zeit nehmen, kommt es erst gar nicht zu **Verfilzungen,** denen nur noch mit einem Spezialgerät oder gar mit einer Schur beim Tierarzt beizukommen ist. Das gilt auch für die Halblanghaarkatzen und viele unserer »normalen« Hauskatzen, die sich besonders zum Winter hin reichlich Unterwolle zulegen. Kämmhilfe ist hier ganz wichtig, um abgestorbene Haare zu entfernen. Ein Kamm mit beweglichen Zinken hilft dabei, ohne zu ziepen (→ Seite 105). Selbstverständlich bekommt der tapfere Tiger zum Abschluss der Frisierstunde eine leckere Belohnung.

WAFFENPFLEGE IST CHEFSACHE

Gebiss und Krallen sind die wichtigsten Waffen unserer kleinen Jäger. Gut geputzte und aktive **Zähne** bleiben gesund. Aber von Katzen-Zahnpasta und -Zahnbürste, die es im Zoofachhandel tatsächlich zu kaufen gibt, halten die Vierbeiner oft wenig. Einen Versuch ist es trotzdem wert. Und Kätzchen tut selbst etwas für sein Gebiss, wenn es nicht ausschließlich weiches Nassfutter bekommt, sondern auch mal pflaumen- bis mausgroße Fleischstückchen und ein wenig Trockenfutter. Seine **Krallen** pflegt Ihr Kätzchen auf jeden Fall selbst. Einmal, indem es mithilfe seiner »Flohzähnchen« abgestorbene Krallenhülsen entfernt. Der andere Teil der Krallenpflege macht ihm noch mehr Spaß: tüchtiges Kratzen, wo immer es sich anbietet. Lassen Sie den kleinen Revierboss einfach machen und sorgen Sie für die Rahmenbedingungen: unwiderstehliche Wetzgelegenheiten von Kletterbaum bis Kratzmatte.

Glänzende Idee: Mit einem weichen, leicht feuchten Fensterleder über Kätzchens kurzhaariges Fell streichen.

DÜRFEN KÄTZCHEN BADEN?

Es soll tatsächlich Katzen geben, die an heißen Sommertagen freiwillig ein Bad im kühlen Teich oder Brunnen nehmen. Doch in aller Regel ist Baden für die kleinen Tiger ein Graus und gehört auch nicht zum Standardpflegeprogramm. **Medizinische Bäder** dagegen verordnet der Tierarzt manchmal bei starkem Parasitenbefall oder großflächigen Haut- und Fellerkrankungen. In diesem Fall halten Sie sich am besten an die genauen Anweisungen des Tierarztes.

Die wichtigsten Pflege-Handgriffe

Kätzchen schätzen es bisweilen wenig, wenn man ihnen mit Kamm, Bürste und anderen Pflegeutensilien auf den Pelz rückt. Mit Geduld und Einfühlungsvermögen können wir sie aber überzeugen.

Schau mir in die Augen, Kleines

Sehen Sie einen klaren Blick und glänzende Augen? Dann ist ein wenig »Schlaf« im Augenwinkel nicht weiter schlimm. Wischen Sie ihn mit einem feuchten Reinigungstuch aus dem Fachhandel oder einem sauberen Papiertüchlein weg. Auch ein eher heikles Samtpfötchen lässt sich die Behandlung gefallen, wenn Sie in diesem empfindlichen Bereich vorsichtig tupfen, anstatt zu reiben.

Ganz Ohr

Schön, wenn sich Kätzchen gegenseitig die Ohren putzen. Trotzdem sollten Sie gelegentlich die Ohrmuscheln genauer anschauen und sie mit einem Tüchlein auswischen. Alles ist in bester Ordnung, wenn das Tuch sauber und geruchsfrei bleibt. Leichte Verschmutzungen lassen sich mit einem in Babyöl getränkten Mull-Läppchen entfernen.

Fellpflege und Massage mit dem Noppenhandschuh

Auch wenn Kätzchen Kamm und Bürste nicht mag – ein wenig Unterstützung bei der Fellpflege braucht es trotzdem, vor allem, wenn der Fellwechsel ansteht. Bei kurzhaarigen Tieren kann dann statt der wenig geliebten »Werkzeuge« der Noppenhandschuh zum Einsatz kommen. Wenn die Menschenhand sanft mit ihm umgeht, kann Kätzchen die Massage sogar genießen. Die losen Haare bleiben im Handschuh, sodass es sie beim Putzen nicht schlucken muss.

Gesichtspflege

Auch Kätzchens Gesicht will tipptopp gepflegt sein. Eine weiche Zahnbürste ist das richtige Instrument dafür. Lassen Sie Kätzchen die Bürste zunächst ausgiebig beschnuppern, bevor Sie damit vorsichtig über Stirn und Wangen streichen. Und loben Sie Ihren Tiger tüchtig nach und auch während der Beauty-Sitzung.

Gegen den Filz

Verfilzungen im Fell sind unangenehm – und irgendwann auch schmerzhaft. Erste Ansätze lassen sich oft noch mit den Fingern auflösen. Langhaarige Tiere und Katzen mit viel Unterwolle brauchen die regelmäßige Pflege mit einem Spezialkamm.

Krankheiten – und wie man sie verhindert

Ihr Kätzchen wird ihn vielleicht nicht gleich lieben, den Tierarzt. Aber Sie brauchen seine Expertenhilfe nicht nur zum Heilen, sondern vor allem zum Vorbeugen. Damit die kleine Samtpfote gar nicht erst krank wird.

Gesundheit ist ein hohes Gut und auch bei Katzen keine Selbstverständlichkeit. Schon gar nicht bei Kätzchen. Ihr Immunsystem ist noch nicht ausgereift, und das macht sie anfällig für Infektionen. Mit der ersten Muttermilch hat jedes Kätzchen zwar eine Art Schutzimpfung gegen alle Erreger mitbekommen, mit denen seine Mutter zu kämpfen hatte, aber der Schutz erlischt bereits nach der achten Lebenswoche. Deshalb sind von diesem Zeitpunkt an die ersten Impfungen fällig und damit die Besuche beim Tierarzt. Im Übrigen sollte jede Katze auch mindestens einmal jährlich beim Tierarzt durchgecheckt werden, um eventuelle Krankheiten rechtzeitig zu entdecken (→ Checkliste, Seite 107).

KRANKHEITSANZEICHEN

Appetitlosigkeit: Sie kann viele Ursachen haben (→ auch Seite 96/97). Dunkle Verfärbung der Maulschleimhaut und unangenehmer Geruch weisen auf eine Zahnfleischentzündung hin, die das Fressen schmerzhaft macht. Bei Futterverweigerung über 2 Tage unbedingt zum Tierarzt!

Augenprobleme: Ein tränendes oder geschlossenes Auge kann Anzeichen einer Bindehaut- oder Hornhautentzündung sein. Bei anhaltender Störung – über mehr als 24 Stunden – zum Tierarzt!

Durchfall: Er kann viele Ursachen haben (→ Seite 96). Ist er mit heftigem Erbrechen verbunden oder gar blutig: sofort zum Tierarzt gehen, sonst nach 24 Stunden.

Erbrechen: Auch hier sind mehrere Ursachen möglich (→ Seite 96). Unstillbares oder blutiges Erbrechen deutet auf eine Vergiftung hin. Sofort zum Tierarzt!

Husten: Er kann allergisch bedingt sein, auf einen Fremdkörper im Rachen hin-

> **TIPP**
>
> **Das »Tierarzt-Taxi«**
> Lassen Sie die Transportbox offen in der Wohnung stehen. Loben Sie Samtpfötchen, wenn es einsteigt. Reichen Sie ihm Leckerbissen und spielen Sie mit ihm. Es kann dem Kätzchen helfen, unbefangener in das »Tierarzt-Taxi« zu steigen.

Infektionskrankheiten und Impfungen

deuten oder Anzeichen einer Infektion sein. Unverzüglich den Tierarzt informieren und sobald wie möglich in die Praxis!
Krämpfe: Sie können auf Epilepsie hindeuten, Anzeichen einer Stoffwechselstörung oder einer Vergiftung sein. Sofort den Tierarzt informieren und während des Anfalls darauf achten, dass das Tier sich nicht verletzt – Decke überwerfen!
Kratzen: Es weist auf Ungezieferbefall, Allergie zum Beispiel gegen Flohspeichel oder eine Pilzinfektion hin (→ Seite 110).
Nickhautvorfall: Er kann auf Wurmbefall oder andere Infektionen hindeuten. Aber auch bei völliger Entspannung ist das »dritte Lid« gelegentlich sichtbar. Macht das Kätzchen einen geschwächten Eindruck, möglichst schnell zum Tierarzt!
Unfallverletzung: Das Kätzchen vorsichtig aus der Gefahrenzone bringen, Tierarzt anrufen und Kätzchen sofort hinbringen!
Verstopfung: Trockenfutter meiden, Ölsardine oder Butter anbieten, Bürstenmassage verabreichen, nach spätestens 24 Stunden zum Tierarzt. Bei massiver Verstopfung mit Erbrechen und hartem Bauch sofort in die Praxis!
Verhaltensänderung: Apathie oder Aggressivität ist immer ein Alarmzeichen. Sprechen Sie sofort mit dem Tierarzt!

INFEKTIONSKRANKHEITEN UND IMPFUNGEN

Katzenseuche, auch Panleukopenie oder Parvovirose genannt, ist vor allem für Jungkatzen hochgefährlich. Auslöser ist das Parvovirus, Symptome sind Fieber, Durchfall und Erbrechen. Die Krankheit wird nicht nur von Tier zu Tier übertragen. Das Virus überlebt lange ohne Wirt,

TIERARZT-CHECK

Suchen Sie den Tierarzt sorgfältig aus, denn er ist Ihr wichtigster Helfer, wenn es um Kätzchens Gesundheit geht.

- ☐ Die Praxis sollte ohne lange Anfahrt zu erreichen sein.
- ☐ Einen hygienisch einwandfreien Eindruck machen.
- ☐ Modern ausgestattet und mit kompetentem und freundlichem Personal besetzt sein.
- ☐ Möglichst über getrennte Wartebereiche für Hunde- und Katzenhalter verfügen.
- ☐ Gut organisiert sein und verlässliche Auskünfte über Termine und Wartezeiten geben können.
- ☐ Die Patienten-Akten verlässlich führen.
- ☐ Der Tierarzt ist der Richtige für Ihr Kätzchen, wenn er freundlich und souverän mit seinen Patienten umgeht.
- ☐ Sich Zeit nimmt für eine gründliche Untersuchung und Ihnen verständliche Erklärungen gibt,
- ☐ Sie umfassend informiert.
- ☐ In Notfällen auch außerhalb der Sprechzeiten für Sie zu erreichen ist und Hausbesuche macht.
- ☐ Sich weiterbildet, um auf dem neuesten Stand zu sein.
- ☐ Auf Sie vertrauenerweckend und sympathisch wirkt.

sodass wir es an unseren Schuhen oder Kleidern in die Wohnung tragen können. Es kann im Teppich lauern oder im Futtergeschirr. Es gibt nur einen sicheren Schutz: die Impfung. Sie ist ein absolutes Muss, ganz gleich, ob Ihr Kätzchen Freilauf hat oder in der Wohnung lebt.

Katzenschnupfen klingt beinahe harmlos. Es handelt sich aber um eine gefährliche Erkrankung der Schleimhäute im Kopfbereich und der oberen Luftwege. Mehrere Erreger können beteiligt sein: neben Herpes- und Caliciviren auch Bakterien wie Chlamydien und sogenannte Bordetellen, die vor allem Husten auslösen. Auch hier ist die Impfung für Wohnungskatzen und Freiläufer ein Muss.

Katzenleukose wird durch das Feline Leukosevirus (FeLV) verursacht und durch den Speichel infizierter Katzen übertragen. Das Virus kann unheilbaren Blutkrebs auslösen, Entzündungen vieler Organe verursachen und das Immunsystem völlig außer Kraft setzen. Nicht alle infizierten Tiere zeigen Krankheitssymptome, sie können aber dennoch den Erreger übertragen. Wenn Ihr Kätzchen Freilauf oder Kontakt zu fremden Artgenossen hat, ist die vorbeugende Impfung dringend zu empfehlen. Ihr sollte aber unbedingt ein Test auf FeLV vorausgehen, weil die Impfung bei bereits infizierten Tieren nicht wirkt. Das Infektionsrisiko sinkt mit zunehmendem Alter.

Tollwut verläuft für Katzen immer tödlich und ist unter den hier aufgeführten Infektionskrankheiten die einzige, die **auch für den Menschen lebensgefährlich** ist. Seit April 2008 gilt Deutschland als tollwutfrei, das heißt, durch umfassende Impfaktionen ist die Fuchstollwut ausgerottet. Fledermäuse können theoretisch allerdings Überträger sein. Für Katzen, die mit Fledermäusen in Kontakt kommen könnten, kann die Impfung also sinnvoll sein. Die meisten Tierärzte empfehlen sie nach wie vor für Tiere mit Freilauf. Für Katzen, die ins Ausland reisen, ist die Tollwutimpfung ohnehin vorgeschrieben.

FIP (Feline Infektiöse Peritonitis) heißt die Bauchwassersucht. Die unheilbare Erkrankung kann Wasseransammlungen in der Bauchhöhle, Atemstörungen, Krämpfe und schwere Organschäden verursachen. Auslöser sind mutierte Coronaviren. Die Gründe für die Mutation dieser sonst relativ harmlosen Viren sind noch nicht völlig geklärt, aber Stress gehört wohl zu den Hauptfaktoren. Ob die Impfung wirklichen Schutz bietet, ist stark umstritten. Experten empfehlen, nur Katzen zu impfen, die noch keinen Kon-

Entspannt und ohne Angst: Das Kätzchen fühlt sich in seiner Transportbox sicher.

IMPFPLAN FÜR DAS KÄTZCHEN

Gefahrenabwehr: Nur ein paar Mal ein kleiner Piks – und so manche hochgefährliche Infektion kann unseren Samtpfötchen nichts mehr anhaben.

IMPFUNG	GRUNDIMMUNISIERUNG		ABSCHLUSS-IMPFUNG MIT	AUFFRISCH-IMPFUNG
	1. IMPFUNG MIT	2. IMPFUNG MIT		
Katzenseuche	8 bis 9 Wochen	12 und 16 Wochen	15 Monaten	alle 1 bis 2 Jahre*
K.-Schnupfen	8 bis 9 Wochen	12 und 16 Wochen	15 Monaten	alle 1 bis 2 Jahre*
Leukose	9 bis 10 Wochen	12 bis 14 Wochen	15 Monaten	jährlich**
FIP	16 Wochen	20 Wochen	15 Monaten	jährlich**
Tollwut	12 Wochen	16 Wochen	16 Monaten	alle 1 bis 3 Jahre*

*= je nach Impfstoff
**= Katze muss vor der Impfung mit negativem Ergebnis auf FeLV bzw. Coronaviren getestet sein.

Hinweis: Bei ausgewachsenen Katzen mit geringem Infektionsrisiko darf nach erfolgreicher Grundimmunisierung der Abstand zwischen den Auffrischungsimpfungen eventuell größer sein. Sprechen Sie mit Ihrem Tierarzt.

takt zu Coronaviren hatten. Eine gute allgemeine Hygiene (→ Seite 78) hilft, die Erreger auf Abstand zu halten, ebenso wie die Vermeidung von unnötigem Stress.
Ganz allgemein gilt: Für gesunde Tiere ist ein umfassender Impfschutz die beste Versicherung, dass sie auch gesund bleiben. Falls Ihr Kätzchen noch keine Impfung erhalten haben sollte, lassen Sie es unbedingt vorher untersuchen und abklären, ob Risikofaktoren vorliegen.
Der Tierarzt kann Ihnen anhand der Untersuchungsergebnisse sagen, ob ein Kombinationsimpfstoff oder Einzelkomponenten die bessere Wahl sind.
Die Aujeszkysche Krankheit verläuft für Hunde und Katzen immer tödlich, ist extrem schmerzhaft und mit unstillbarem Juckreiz und Tobsuchtsanfällen verbunden. Leider gibt es für diese Infektionskrankheit noch keine Impfung. Ein großer Trost: Die einzige Ansteckungsquelle ist der Verzehr von rohem Schweinefleisch – das muss also für Ihr Kätzchen tabu sein.
FIV (Felines Immundefizienz-Virus) ist Verursacher des sogenannten Katzen-Aids,

einer nicht heilbaren Immunschwäche, die der HIV-Erkrankung des Menschen ähnelt. FIV ist aber für Menschen völlig ungefährlich. Auch für diese Krankheit gibt es noch keinen Impfstoff. Das Virus zerstört das Immunsystem, sodass die Katze schließlich jeder Krankheit schutzlos ausgeliefert ist. FIV wird von Katze zu Katze übertragen, und zwar vor allem durch Bisse, hauptsächlich bei Revier- oder Rivalenkämpfen von verwilderten, unkastrierten Katern oder durch den Nackenbiss beim Katzen-Sex.

KEINE CHANCE FÜR PARASITEN

Es sind nicht nur Viren und Bakterien, die Kätzchens Gesundheit bedrohen, sondern auch Pilze, Würmer und andere Parasiten.
Pilzinfektionen: Sie sind ausgesprochen lästig. Haarausfall, kahle Stellen im Fell mit entzündeten Rändern und Juckreiz sind Anzeichen dafür. Die Schmarotzer ernähren sich vom Keratin aus den Haaren und den oberen Hautschichten. Gefährdet sind vor allem Tiere mit geschwächtem Immunsystem. Ein gesund ernährtes, hygienisch gehaltenes Kätzchen mit gepflegtem Fell wird eher selten Opfer einer Pilzinfektion. Wenn es trotzdem passiert, muss alles, womit das Kätzchen in Berührung gekommen ist, desinfiziert werden, Haut- und Fellkontakt sind bis zur Heilung verboten – **auch Menschen und andere Tiere können sich anstecken.** Streicheleinheiten gibt's nur mit Handschuhen. Ihr Tierarzt verordnet geeignete Medikamente. Die Behandlung dauert oft mehrere Wochen.
Würmer: Spulwürmer, Bandwürmer, Hakenwürmer – sie alle können echte Plagegeister sein. Ihr Kätzchen kann sie sich beispielsweise durch den Verzehr von rohem Fisch, rohem Fleisch – etwa Beutetiere – oder verschluckte Flöhe einfangen. Ganz junge Kätzchen können sich auch über die Muttermilch infizieren. Die Parasiten schwächen die Abwehrkräfte und verursachen Bauchschmerzen, Abmagerung, Blähbäuche, manchmal auch Lungenentzündung. Auch **Menschen, vor allem Kinder, können sich infizieren.** Den besten Schutz bieten regelmäßige Wurmkuren vom Tierarzt. Sie sind auf der sicheren Seite, wenn Sie den Kot Ihres frei laufenden Kätzchens alle drei Monate vom Tierarzt untersuchen und es notfalls entwurmen lassen – Wurmkuren sind heutzutage gut verträglich. Bei Wohnungskätzchen genügen ein bis zwei Untersuchungen jährlich.
Floh & Co.: Kätzchen kratzt sich unausgesetzt? Das legt den Verdacht auf **Flohbefall** nahe. Die hüpfenden Vampire können sich überall in der Wohnung breitmachen, mitunter verbeißen Sie sich auch in unsere Haut. Sie können beim Kätzchen Allergien auslösen (gegen den Flohspeichel) und

> ## TIPP
> **Flohkampf in der Wohnung**
> Bei Flohbefall muss die Umgebung mitbehandelt werden. Das bedeutet: täglich Staub saugen, eventuell Beutel mit Flohpuder beladen. Liegedecken und Kissen mit Anti-Floh-Umgebungsspray behandeln und anschließend heiß waschen.

Keine Chance für Parasiten

hässliche, juckende Ekzeme verursachen, und sie können Zwischenwirte für Würmer sein. Ob Kätzchen wirklich Flöhe hat, ist leicht erkennbar (→ Seite 102). Mit den neuartigen Spot-on-Medikamenten vom Tierarzt lassen sich die Plagegeister aber effektiv bekämpfen. Andere Parasiten wie **Läuse oder Haarlinge** kommen bei gut gepflegten Tieren in der Regel nur selten vor. **Ohrmilben** können Taubheit verursachen, wenn nichts gegen sie unternommen wird (→ Seite 100). Andere Milbenarten lösen Räude oder räudeähnliche Erkrankungen aus. Mithilfe Ihres Tierarztes können Sie Ihr Kätzchen von den unangenehmen Spinnentieren befreien. Für Freiläufer können **Zecken** zur Gefahr werden. Sie sollten deshalb von Frühjahr bis Herbst täglich auf Zeckenbefall untersucht und gegebenenfalls mit der Zeckenzange von den Parasiten befreit werden. Zeckenbisse können Borreliose übertragen. Die Krankheit schädigt Gelenke, Herz und andere Organe. Es gibt Spot-on-Präparate, mit denen sich vorbeugen lässt – fragen Sie Ihren Tierarzt.

Mikroparasiten: Klein, aber gemein – mikroskopisch winzige Kokzidien oder Giardien können sich im Darm tummeln und Durchfälle auslösen. Hygiene am Futterplatz und Wassernapf ist die beste Vorbeugung. Ansonsten kann der Tierarzt schnell abhelfen. Zu den Mikroparasiten gehört der Erreger der **Toxoplasmose.** Hat Kätzchen sich mit ihm infiziert, wird es sich vielleicht ein paar Tage nicht wohlfühlen, wenig Appetit und auch leichtes Fieber haben. **Für schwangere Frauen** kann Toxoplasmose ungleich gefährlicher werden und das Ungeborene schädigen. Die Gefahr ist aber leicht zu bannen: Viele Frauen haben bereits unbemerkt eine Toxoplasmose-Infektion durchgemacht. Ein Test kann das klären. Fällt er positiv aus, besteht keine Gefahr für Mutter und Kind. Sie können auch testen lassen, ob Ihr Kätzchen Toxoplasma-Oozysten ausscheidet oder nicht. Falls es nicht zu den Ausscheidern gehört und nur in der Wohnung lebt, besteht keine Gefahr. Und selbst im anderen Fall lässt sich das Risiko ausschalten: Kein rohes Fleisch essen und keines verfüttern. Keine Gartenarbeit machen und das Reinigen der Katzentoilette an ein Familienmitglied delegieren. Oder bei Gartenarbeit und Toilettenreinigung Handschuhe tragen. Kätzchen darf also in der Familie bleiben.

Es müssen nicht immer Flöhe dahinterstecken, wenn Kätzchen das Fell juckt.

GESUND UND GEPFLEGT

Patient Kätzchen

So gern sie sich streicheln lassen, so wenig mögen es Katzen, wenn ihnen der Mensch mit anderen Absichten auf den Pelz rückt. Aber mit Ruhe und sanfter Entschlossenheit lassen sie sich schließlich doch überzeugen.

Fieber messen

Die Temperatur wird am sichersten im After gemessen, am besten mit einem Digitalthermometer. Zu zweit geht es einfacher: Einer hält Kätzchen an Schultern und Vorderpfoten fest, der andere führt das mit Vaseline eingefettete Thermometer ein und drückt dann den Bedienungsknopf. Nach etwa 10 Sekunden kann das Fieber-Thermometer herausgezogen werden.

Ohrentropfen richtig verabreichen

Halten Sie das Kätzchen so, dass die Ohröffnung nach oben zeigt. Ziehen Sie mit einer Hand die Ohrmuschel leicht nach hinten und träufeln Sie mit der anderen Hand die Tropfen ein. Gut, wenn Sie das Fläschchen mit der Medizin vorher in den Händen leicht angewärmt haben. Zum Abschluss das Öhrchen sanft massieren.

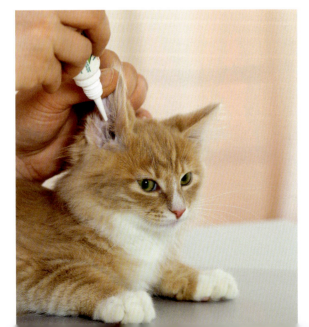

Augentropfen oder -salbe verabreichen

Knien Sie sich am besten auf den Boden und setzen Sie das Kätzchen so zwischen Ihre Beine, dass sein Kopf nach vorn zeigt. Umfassen Sie das Köpfchen sanft unterm Kinn. Geben Sie Tropfen oder Salbe direkt auf die Hornhaut. Tränende und verkrustete Augen mit lauwarmem, abgekochtem Wasser, isotonischer Kochsalzlösung, Augentrosttee-Aufguss oder einem Spezialpräparat aus dem Fachhandel und einem sauberen, fusselfreien Tuch reinigen.

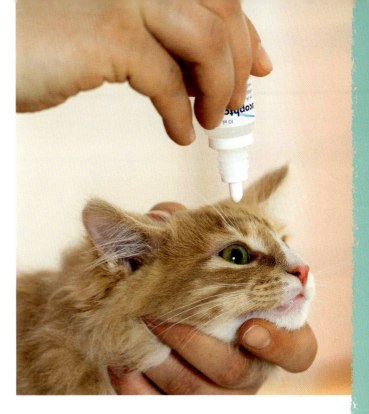

Tabletten eingeben

Am einfachsten verstecken Sie die Tablette in einem Leckerbissen. Falls Kätzchen jedoch »Lunte riecht«, drücken Sie mit Daumen und Zeigefinger einer Hand auf seine Mundwinkel und geben mit der anderen die Tablette so weit wie möglich in den Rachen. Halten Sie danach das Mäulchen zu, bis der Schluckreflex eingesetzt hat.

Spurensuche im Fell

Falls sich das Kätzchen häufig kratzt, ist Fellforschung angesagt: Verkrustungen von Flohkot? Kahle Stellen, Ekzeme, Rötungen oder sichtbare »Gäste«? Für Letzteres gibt's beim Tierarzt Medikamente, die ins Nackenfell gegeben werden.

Warum die Kastration sinnvoll ist

Eine Katze wird zwei- bis dreimal im Jahr rollig, und ein unkastrierter Kater kann Hunderte von Nachkommen zeugen. Geburtenkontrolle tut also dringend not, wenn Sie nicht unter die Züchter gehen wollen.

Sie sind zwar noch Kinder, doch langsam macht sich die Pubertät bemerkbar.

DIE LAST MIT DER LUST

Regt sich bei Katze oder Kater erst einmal der Sexualtrieb, setzen sie alles daran, ihn auszuleben. Die **Anzeichen** können Sie kaum verpassen: Wenn Ihr Katzenmädchen sich auf dem Boden wälzt, gurrt, in verschiedenen Tonlagen nach einem Kater schreit und Sie mit hochgerecktem Hinterteil umtänzelt, wissen Sie, was die Stunde geschlagen hat. Geben Sie acht, dass die Kleine keine Gelegenheit hat zu entwischen und auch sonst nicht mit einem Kater zusammenkommen kann. Denn dann bekommt sie höchstwahrscheinlich Junge. Viel zu früh – schließlich ist sie selbst noch ein Katzenkind. Allzu junge Katzenmütter vernachlässigen häufig ihren Nachwuchs, außerdem gibt es oft Komplikationen bei der Geburt. Im Übrigen stimmt es auch nicht, dass eine Katze wenigstens einmal im Leben Junge gehabt haben sollte. **Die erste Rolligkeit** tritt bei Kätzinnen meist um den sechsten bis neunten Lebensmonat herum auf, bei manchen Rassen wie etwa den Siamesen sogar noch früher. Bei einem Kater kann es etwas später losgehen, ist aber ebenfalls unübersehbar und vor allem unüberriechbar. Sein im Kistchen abgesetzter Urin duftet plötzlich stark nach Raubtierhaus, außerdem fängt er an, sein »Parfüm« großzügig zu versprühen – auch in der Wohnung. Hat er Freilauf, wird er im Hormonrausch blind für Gefahren wie etwa den Straßenverkehr, außerdem besteht die Gefahr, dass er sich auf Kämpfe mit überlegenen Gegnern einlässt. Brave Wohnungskaterchen verfolgen plötzlich ihre Mitkater und -katzen in eindeutiger Begattungsabsicht. Besser also, Sie vereinbaren mit dem Tierarzt einen Termin für die **Kastration.** Mit dem Einsetzen der Geschlechtsreife ist nach Meinung der meisten Experten der richtige Zeitpunkt dafür erreicht.

Die vernünftigste Lösung

Wenn Sie nicht unter die Züchter gehen wollen, ist die Kastration die vernünftigste Lösung für beide Geschlechter. Unkastrierte Tiere frei laufen zu lassen, ist unverantwortlich, weil es zu unkontrollierter Vermehrung und damit auch zur Verelendung vieler Katzen beiträgt. Unkastrierte Katzen in der Wohnung zu halten, ist schon wegen der Geruchsbelästigung problematisch, davon abgesehen ist es eine Quälerei, wenn die Tiere auf Dauer einem Trieb ausgeliefert sind, den sie nicht stillen können. Die **Entfernung der Keimdrüsen** schaltet nicht nur die Fortpflanzungsfähigkeit aus, sondern weitestgehend auch den Trieb. Wälzen, Schreien, Gurren, Gesang und Gestank sind danach Geschichte, und die Tiere vermissen nichts. Sie leben sogar länger und gesünder als ihre fruchtbar belassenen Artgenossen – rein statistisch haben sie eine um rund fünf Jahre höhere Lebenserwartung. **Kater** werden häuslicher, und damit reduziert sich die Unfallträchtigkeit. **Kätzinnen** sind nach dem Eingriff nicht nur vor Trächtigkeit und Scheinschwangerschaft geschützt, sondern auch vor Gesäugetumoren und Gebärmutterentzündung. Positiver Nebeneffekt für uns: Meist werden kastrierte Katzen und Kater ihren Menschen gegenüber noch anhänglicher und schmusiger.

ZUSATZWISSEN

Frühkastration – ja oder nein?
Die Entfernung der Keimdrüsen vor Eintritt der Geschlechtsreife erfordert großes Geschick vom Operierenden, weil die Geschlechtsorgane noch nicht voll entwickelt sind. Sie ist nach wie vor umstritten und bei Tieren, die in verlässlicher Obhut des Menschen leben, auch nicht notwendig. Dass dennoch verschiedene Tierschutzorganisationen für den Eingriff vor Vollendung der 16. Lebenswoche plädieren, hat seinen Sinn. Die OP bietet die Möglichkeit, unkontrollierte Vermehrung bei wild lebenden Katzen zu begrenzen und die Verelendung in solchen Katzen-Populationen zu stoppen.

Was kann die sanfte Medizin?

So viel ist sicher: Für Katzen gibt es keine Alternative zum Tierarzt. Jedoch können alternative Medizin und Heilmittel aus der Natur auch für unsere kleinen Samtpfoten durchaus nützlich sein.

Immer gleich zum Tierarzt, wenn mit dem Tigerchen etwas nicht stimmt? Die Antwort lautet: Ja. Nicht etwa aus Misstrauen gegen die »Alternativen«, denn Mittel aus der Naturheilkunde und Methoden der sogenannten sanften Medizin sind für die Samtpfoten vor allem dann hilfreich, wenn es darum geht, Selbstheilungskräfte zu aktivieren und verloren gegangenes inneres Gleichgewicht wiederherzustellen. Ideal, wenn sich klassische Veterinärmedizin und alternative Methoden ergänzen.

ALTERNATIVE HEILMETHODEN

Homöopathie arbeitet nicht mit Gegengiften, sondern richtet sich nach dem Prinzip »Gleiches heilt Gleiches«. In homöopathischen Tinkturen, Tabletten und Globuli (winzige Kügelchen) stecken äußerst niedrig dosierte Wirkstoffe, die in höherer Dosierung ein ähnliches Krankheitsbild beim Gesunden hervorrufen würden. Beim Kranken dagegen sollen sie den Organismus zur Heilung anreizen. Wissenschaftlich lässt sich das nicht beweisen, allerdings sprechen Katzen mit Allergien, Ekzemen, Bronchitis oder Erkältungskrankheiten oder anderen Infektionen anscheinend gut auf homöopathische Arzneimittel an.

Die Bachblüten-Therapie gründet sich auf die Heilkraft verschiedener Blütenessenzen. Sie sollen vor allem auf die Psyche wirken, denn Dr. Edward Bach zufolge, dem Begründer der Therapie, geht jedes organische Leiden mit einer Störung der Psyche einher. Ist sie behoben, verschwindet auch die Krankheit. Einen wissenschaftlichen Beweis dafür gibt es nicht, allerdings berichten viele Katzenhalter von Erfolgen. Vor allem die »Notfalltropfen« Rescue Remedy sollen selbst sehr aufgeregte und verstörte Tiere beruhigen – und die Fahrt zum Tierarzt wesentlich stressärmer gestalten.

Die Akupunktur führt Krankheit und Leiden auf einen gestörten Energiefluss im Körper zurück. An bestimmten Hautstellen kann der gestörte Fluss durch Reizung angeregt werden, damit die Energie wieder strömt. In der Schmerzbehandlung, bei Erkrankungen des Bewegungsapparats, aber auch bei Immunschwäche haben sich Erfolge gezeigt. Die **Akupressur** ist eine verwandte Methode, allerdings wird

anstelle von Akupunkturnadeln oder -laser Fingerdruck eingesetzt. Mithilfe dieser Technik können Verspannungen gelöst und die Durchblutung gefördert werden.
Die Magnetfeldtherapie arbeitet mit pulsierenden elektromagnetischen Strahlen. Sie sollen den Stoffwechsel der Zellen im Körper des Patienten positiv beeinflussen. Für Katzen werden sie hauptsächlich bei Verletzungen des Bewegungsapparats und Muskel- und Knochenerkrankungen, aber auch bei Stress und anderen Störungen eingesetzt.
Der TTouch ist eine Methode zur Berührung von Tieren, die von der Feldenkrais-Therapeutin Linda Tellington-Jones entwickelt wurde. Mit kreisenden Bewegungen der Fingerkuppen wird die Katze sanft massiert, um bei ihr Stress, Angst und Aggressivität abzubauen. Es lohnt sich, die Griffe zu lernen – auch gesunde Katzen scheinen sie als angenehm zu empfinden.
Reiki schließlich, eine spezielle Art des Handauflegens, soll universelle Heil-Energie vom Geber (Mensch) zum Empfänger (Katze) fließen lassen. Sicher kein Ersatz für tierärztliche Diagnose und Behandlung, aber als Beitrag zu Erholung und Wohlbefinden nicht zu verachten.

Naturheilmittel und Kräuter

Auch Blumen und Kräuter, die wir auf der grünen Wiese oder im Gartenbeet finden, können dem Samtpfötchen über manche Beschwerden hinweghelfen – vorausgesetzt, es akzeptiert sie überhaupt. Sie ersetzen aber kein vom Tierarzt verschriebenes Medikament – und natürlich keinen Tierarztbesuch. Im Folgenden finden Sie eine kleine Auswahl aus der Natur- und Kräuterapotheke:

- **Dill,** unters Futter gemischt, kann bei Verdauungsstörungen helfen.
- **Kamillen-Absud** wirkt bei Entzündungen im Mäulchen, an der Nase oder am Po. Ein sauberes Läppchen tränken und die Stelle abreiben. Ein Kamillendampfbad kann bei Atemwegsinfektionen hilfreich sein. Dazu Kätzchen in den Transportkorb setzen, die dampfende Teeschüssel davor platzieren und dem Tier mit einem Tuch Luft zufächeln.
- **Gänseblümchen** wirken verdauungsfördernd und appetitanregend. Einfach ein paar Blüten unters Futter mischen.
- **Melissen-Aufguss** lindert Erbrechen.
- **Huflattich-Aufguss** hilft bei Husten.
- **Ein Tee aus Wegerich-Samen** kann bei Verstopfung hilfreich sein.
- **Hamamelis-Absud** kann bei Ekzemen eingesetzt werden. Die betroffene Stelle mit dem Absud abreiben.

Nichts zum Futtern, doch der intensive Geruch der Kamille ist durchaus interessant.

GESUND UND GEPFLEGT

Eine gut sortierte Hausapotheke

Heilerde
Ein bis zwei Messerspitzen voll unters Futter gemischt, können bei Durchfällen bzw. weichem Kot helfen. Bitte nur kurzfristig anwenden.

Einwegspritze
Natürlich ohne Nadel. Zum Eingeben flüssiger Medikamete.

Abgerundete Pinzette
Kann ausgesprochen hilfreich sein, wenn es mal einen Fremdkörper zu ergreifen gilt.

Runde Schere
Falls mal Haare von einer Wunde weggeschnitten werden müssen.

Zeckenzange
Für Freiläufer ein absolutes Muss.

Wattestäbchen
Sie eignen sich gut zum Auftragen von Salben.

Schüßler-Salze
Es gibt 12 verschiedene Mineralsalze. Nr. 2 (Calcium phosphoricum) zum Beispiel hilft bei Erschöpfung, Nr. 5 (Kalium phosphoricum) stärkt Muskeln und Nerven.

Globuli
Arnica beispielsweise wird bei Schockzuständen, Verletzungen und Überanstrengung eingesetzt, Belladonna hilft bei Krämpfen und Fieber.

Fieber-Thermometer
Die Körpertemperatur misst man am besten mit einem Digitalthermometer.

Sanfte Gleithilfe
Einführen ohne Probleme: Vaseline zum Einfetten des Thermometers sollte ebenfalls bereitstehen.

Traumeel-Salbe
Sie kann bei kleineren Verletzungen und Insektenstichen zum Einsatz kommen.

6

BEI UNS IST ALLES PALETTI

Kätzchen sind mit einem Riesenvorrat Charme ausgestattet. Sie sind hinreißende Spielpartner und bringen jede Menge Spaß in den Alltag, sodass wir uns nur zu gern um ihre Pfötchen wickeln lassen. Damit Kätzchen sich bei uns aber wirklich wohlfühlt, braucht es auch für Spiel und Alltag klare Regeln.

Erziehungskurs für »Superkatzen«

Wenn ein Kätzchen mit drei bis vier Monaten zu Ihnen kommt, hat es bei seiner Mutter bereits eine hervorragende Erziehung genossen und eine Menge gelernt. Und Sie, als »Superkatze«, können darauf aufbauen.

WAS KÄTZCHEN SCHON KANN

Mag ein Kätzchen von drei bis vier Monaten auch manchmal noch rührend tapsig wirken wie ein Kleinkind – lassen Sie sich nicht täuschen: Ihr Tigerchen kann sich nicht nur wie ein Artist bewegen, es hat auch sonst eine ganze Menge auf dem Kasten. In seiner Herkunftsfamilie hat es schon eine **sehr gute Ausbildung** erfahren. Manche Fähigkeiten wie etwa die Beutejagd, die Putzrituale oder die Laut- und Körpersprache sind bereits angeboren. Sie werden in der Katzenkinderstube aber immer wieder ausgeführt und damit bestens trainiert. Trainiert wird auch das richtige Verhalten: **Mutter Katze** macht dem hoffnungsvollen Nachwuchs klar, wie man sich seinen Mitkatzen gegenüber zu benehmen hat und wie man sich mit seinen Artgenossen arrangiert.

Hat das Kätzchen während der Prägezeit in der ersten Menschenfamilie mit Erwachsenen, Kindern und dem Familienalltag **positive Erfahrungen** gemacht, bringt es einen wahren Schatz an Vertrauen mit: zu sich selbst, zur Welt und zu den Menschen. Ein positiv geprägtes Kätzchen wird unbefangen auf Sie zugehen und sich unkompliziert in seine neue Familie einfügen. Falls Ihr Tigerchen nicht das Glück einer solchen »goldenen Kinderstube« hatte, brauchen Sie höchstwahrscheinlich ein bisschen mehr Geduld, um sein Vertrauen zu gewinnen. Aber keine Sorge: Wenn Sie es richtig anpacken, wird auch aus einem solchen Kätzchen ein bezaubernder und wohlerzogener Hausgenosse.

WIE DIE ERZIEHUNG ZUM ERFOLGSREZEPT WIRD

Ihr Kätzchen kann schon eine ganze Menge und weiß auch, was es will: sein neues Revier erobern. Nun muss es lernen, sich dabei mit Ihnen und seiner neuen Familie zu arrangieren (→ Seite 66 bis 75). Mit anderen Worten: Es ist Erziehungsarbeit zu leisten – von Ihnen. Dafür gibt es ein paar Regeln, die es sowohl Ihnen als auch Ihrem Tigerchen leichter machen.

1. Befehle nützen nichts, denn bei Katzen liegt Gehorsam nicht in der Familie, wohl aber Kompromissfähigkeit. Schließen Sie also besser Abkommen mit Ihrem vierbeinigen Liebling.

2. Eine klare Linie ist wichtig. Stellen Sie nur wenige Verbote auf, setzen Sie die aber konsequent, freundlich und geduldig durch. Heute etwas zu verbieten, was Sie morgen erlauben und dann wieder doch nicht, schafft nur heillose Verwirrung.
3. Reagieren Sie sofort und deutlich, wenn Sie Ihr Kätzchen auf frischer (Un-)Tat ertappen – etwa mit einem scharfen »Nein!«. Entdecken Sie dagegen verspätet, dass Kätzchen etwas angestellt hat, bleiben Sie cool und beseitigen Sie den Schaden kommentarlos, denn jetzt bringt das Tier seine Tat nicht mehr in Verbindung mit der Zurechtweisung.
4. Strafen sind sinnlos! Ein Kätzchen verknüpft nachträgliche Maßnahmen nicht mit vorausgegangenen »Missetaten« und fühlt sich durch Schimpfen oder gar Schläge (absolutes No-Go!) grundlos schikaniert.
5. Sparen Sie nicht mit Lob und gelegentlich einer kleinen Belohnung, wenn Ihr Kätzchen erwünschtes Verhalten zeigt: wenn es seine Krallen am dafür vorgesehenen Objekt wetzt, sein Katzengras knabbert (statt Ihre Pflanzen), sich mit seinem Spielzeug vergnügt, sich brav bürsten lässt, sein Futter verspeist, zum Schmusen zu Ihnen kommt und, und, und … Positive Verstärkung bewirkt auch bei Katzen kleine und mitunter sogar größere Wunder.

DAS BENIMM-REPERTOIRE

Wenn Sie sich realistische Ziele setzen und dabei die Bedürfnisse Ihres Vierbeiners im Auge behalten, können Sie von einem wohlerzogenen Kätzchen einiges erwarten:

Oben: Klauen ist bei Katzen keine Straftat. Also nichts herumliegen lassen.
Unten: Auf frischer Tat ertappt! Und die Konsequenz folgt auf dem Fuße.

Ob mit oder ohne Maus: Die Computertastatur ist reizvoll für verspielte Kätzchen …

Stubenrein – Ehrensache!

Ihr Kätzchen soll seine Geschäfte im dafür vorgesehenen Kistchen erledigen und sonst nirgends. Wahrscheinlich kann Ihr Tiger das längst, denn wozu eine Katzentoilette gut ist, haben die meisten bereits in ihrer Kinderstube gelernt und schon dort fleißig geübt. Das Scharren nach dem »Erfolg« ist angeborenes Verhalten und ebenso wie Fellpflege und Krallenwetzen mit einer Portion Lust an der Sache ausgestattet. Wenn Sie ein bis zwei saubere, standfeste und etwa 5 cm hoch mit Streu gefüllte Katzenklos an einem ruhigen, sicheren Ort bereitstellen, haben Sie Ihren Teil zum Abkommen beigetragen (→ Seite 64). Es kann freilich passieren, dass Ihr Kätzchen die Pflanzschalen auf dem Balkon für die bessere Toilette hält. Decken Sie in diesem Fall die Blumenerde mit Kieselsteinen ab, denn dazwischen scharrt sich's schlecht. Wenn es trotz allem mit der Stubenreinheit noch nicht so ganz klappt, braucht Tigerchen sanfte Nachhilfe: Setzen Sie es anfangs häufiger auf die Toilette und loben Sie es für jeden Erfolg. Und falls Sie tatsächlich mal sehen, dass etwas danebengegangen ist – einfach wegwischen, ohne zu schimpfen.

Betteln und stehlen – keinesfalls!

Gegen das **Betteln** bei Tisch hilft ein ganz klares Abkommen: Menschen essen am Tisch, Katzen an ihrem Futterplatz. Wenn Sie das durchhalten, lernt Ihr Kätzchen schnell, dass Betteln sich nicht lohnt.

Wenn Sie ihm trotzdem mal einen Leckerbissen aus der Menschenküche zukommen lassen wollen, legen Sie den einfach an den Futterplatz. Mit dem **Stehlen** ist es schwieriger – schließlich sind Katzen Beutegreifer, und Lebensmittel stibitzen gehört zum Berufsbild. Sie müssen es sich trotzdem nicht gefallen lassen. Ertappen Sie Ihren kleinen Räuber auf frischer Tat, stoppen Sie ihn mit einem scharfen »Nein!« oder auch mit dem erhobenen Zeigefinger in Richtung Näschen – eine Erinnerung an Mamas Nasenstüber – und nehmen ihm die Beute ab. Hat er sich das Diebesgut bereits schmecken lassen, können Sie gar nichts tun: Er hat nun mal kein schlechtes Gewissen. Sie können aber ähnliche Konflikte von vornherein vermeiden: Lassen Sie nichts Essbares unbewacht und lassen Sie nichts in Reichweite Ihres Kätzchens herumliegen, was es nicht in die Pfoten bekommen darf oder soll. Das Abkommen gegen kätzische Diebereien erzieht uns also zur Ordnung …

Verbotene Plätze nicht betreten – selbstverständlich!

Natürlich will Ihr Kätzchen sämtliche Winkel seines neuen Reviers erobern. Aber ebenso gibt es auch in einer katzensicheren Wohnung Plätze, die vom Revierrecht ausgenommen sein müssen, weil ein Kätzchen dort Schaden anrichten oder zu Schaden kommen könnte (→ Seite 66 bis 75). Der Herd kann eine solche verbotene Zone sein, Ihr Schreitisch mit Computertastatur, die Küchenanrichte, der Putzmittelschrank usw. Sobald Ihr Kätzchen Kurs auf diese Plätze nimmt, stoppen Sie es mit einem scharfen »Nein!« oder einem lauten Händeklatschen. Oder verleiden Sie ihm den Zugang zu diesen Plätzen, indem Sie die Aufsprungstelle mit doppelseitigem Klebeband versehen. Sie können es nach einiger Zeit wegnehmen, denn kaum ein Kätzchen will sich mehrfach klebrige Pfötchen holen. Wenn Sie im Wohnungsrevier nur wenige »Sperrzonen« errichten, werden die vorhandenen in aller Regel problemlos akzeptiert.

Lästige Gewohnheiten ablegen – kein Problem!

Es ist ausgesprochen unartig, wenn Kätzchen an Gardinen hochklettert, Papierkörbe umkippt und den Inhalt in der Wohnung verteilt, Blumenvasen ausräumt oder seinen Menschen von einem erhöhten Platz aus überraschend auf den Rücken springt oder Jagd auf ihre Waden macht. Leider sieht es oft auch ziemlich niedlich aus. Trotzdem: Stoppen Sie solche Eskapaden schon im Ansatz mit dem bewährten »Nein!«– denn aus niedlich wird nur zu bald lästig. Ihr Beitrag zum Abkommen: Schaffen Sie dem Kätzchen eine anregende Umgebung, schenken Sie ihm Aufmerksamkeit und spielen Sie viel mit ihm.

> **TIPP**
>
> **Erziehungs-Wortschatz**
> Benutzen Sie immer die gleichen Worte, wenn Sie Kätzchens Verhalten korrigieren. Zischlaute erinnern an Mutters Fauchen und können zum Innehalten bei unerwünschtem Tun führen. Kätzchens Name gehört nicht in den Erziehungs-Wortschatz.

Die perfekte Welle! Für Kätzchen eine geradezu wunderbare Kratz- und Spielgelegenheit.

Kosmetik-Utensilien sollte Frauchen besser nicht in Kätzchens Reichweite liegen lassen.

Auf den Namen hören – na klar!

Ein Hund kommt, wenn man ihn beim Namen ruft. Eine Katze auch – wenn sie Lust dazu hat. Zweifeln Sie nicht an Ihren Fähigkeiten als Katzenerzieher, wenn Ihr Kätzchen auf Ihren Ruf nicht sofort herbeikommt, sondern seinerseits mit einem Ruf antwortet. Das ist katzentypisches Verhalten. Oft genügt ein Klappern mit der Leckerli-Dose als Motivationsverstärker – oder auch die Gewissheit, dass auf den Gebrauch des Namens etwas Angenehmes folgt. Sprechen Sie Ihr Kätzchen also beim Schmusen, Spielen und Füttern immer wieder mit dem Namen an – und wirklich niemals, wenn Sie ihm Ihr Missfallen kundtun. Und rücken Sie eine Belohnung raus, wenn es tatsächlich auf Ihren Ruf herbeikommt. So verknüpft der Minitiger ganz schnell das Postive mit seinem Namen und kommt zuverlässig zu Ihnen, wenn Sie ihn rufen.

VERBOTE UND WIE MAN SIE DURCHSETZT

Katzen lassen sich bekanntlich nichts befehlen. Ein paar Verbote müssen trotzdem sein – damit Kätzchen weder Schaden nimmt noch Schaden anrichtet.

Tabuzonen: Lassen Sie Ihr bewährtes strenges »Nein!« ertönen, wenn Kätzchen Kurs auf den Küchenherd oder die Arbeitsplatte nimmt. Wenn das nichts hilft, dürfen Sie es kurz anpusten. Auf diese Weise wird an Mutters Fauchen erinnert, wenn das Katzenkind gefährlichen Unsinn angestellt hat. Um sicherzustellen, dass es auch in Ihrer Abwesenheit von den verbotenen Plätzen fernbleibt, sichern Sie die Aufsprungstelle(n) für etwa ein, zwei Wochen mit doppelseitigem Klebeband. Das funktioniert auch an Ihrem Schreibtisch mit der Computertastatur oder anderen Plätzen, an denen Kätzchen nicht sein sollte. Das bewährte »Nein!« oder die

Verbote und wie man sie durchsetzt

»Dusche« aus der Blumenspritze werden bei schwer zugänglichen, abseits gelegenen Plätzen und Hohlräumen nicht allzu viel helfen – in jedem Kätzchen steckt schließlich ein Höhlenforscher, der sich auch durch kleinste Zugänge quetscht. Machen Sie solche Stellen unbedingt dicht – notfalls mit einer Hartfaserplatte.

Bedrohte Möbel: Will Ihr Kätzchen wieder am Sofa kratzen, obwohl es doch einen schönen Kratzbaum hat? Erste Verwarnungsstufe: Sie rufen laut »Nein!« und klatschen in die Hände. Zweite Stufe: Das Sofa wehrt sich. Wenn Kätzchen mal wieder Anstalten macht, verpassen Sie ihm eine Dusche mit der Blumenspritze oder Wasserpistole – aber lassen Sie es nicht merken, dass Sie den Schuss abgegeben haben. Schließlich soll die Verknüpfung lauten: »Das Sofa macht mich nass, wenn ich kratze.« Und nicht: »Mein Mensch bestraft mich mit einem kalten Wasserstrahl.« Dritte Stufe: Sofalehnen oder die Stelle, von der aus Kätzchen kratzt, mit Alufolie belegen. Das wirkt auch, wenn Sie nicht zugegen sind – und Sie können die Folie nach einiger Zeit wegnehmen.

Angriffe: Es ist nicht unbedingt böse gemeint, wenn Ihr Kätzchen sich in Ihre Hände oder Waden verkrallt. Dulden dürfen Sie das aber nicht. Vielleicht stört es Sie im Moment noch nicht, aber spätestens dann, wenn Ihr ausgewachsener, mehrere Kilo schwere Tiger sich in Ihr Fleisch krallt. Stoppen Sie Angriffe mit dem lauten »Nein!«, mit Händeklatschen oder einem anderen unangenehmen Geräusch – etwa Schlüsselbund auf den Boden werfen. Im Angriffsfall dürfen Sie auch die Dusche aus Wasserpistole oder Blumenspritze offen einsetzen.

ANGEBOTS-CHECK

Machen Sie Ihrem kleinen Tiger Ersatzangebote für Dinge, die Sie stören, aber durchaus seinem Naturell entsprechen.

- ☐ Kätzchen beißt Ihnen beim Spiel in die Hand: Sein Jagdeifer geht mit ihm durch. Lassen Sie Ihre Hand aus dem Spiel und gestatten Sie dem kleine Tiger etwa die Jagd auf die Katzenangel.

- ☐ Ihr Minitiger springt ins Regal und wirft dabei Ihre Nippesfiguren um: Erhöhte Plätze sorgen für eine gute Revier-Übersicht. Bringen Sie Ihre Lieblingsstücke am besten katzensicher unter.

- ☐ Kratzen auf dem Sisalteppich: Mit Sisal sind meist auch erlaubte Kratzplätze wie Kratzbäume und Kratzpfosten bespannt. Kätzchen kann nicht unterscheiden, dass es auf dem Teppich nicht kratzen darf. Entweder Teppich entfernen oder ein anderes Material wählen.

- ☐ Zierpflanzen auf der Fensterbank anknabbern: Die Fensterbank ist ein beliebter Aussichtsplatz. Ersetzen Sie Ihre Zierpflanzen durch Kräuter oder Katzengras, an denen Kätzchen knabbern darf.

- ☐ Lieblingsplatz belegen: Der vertraute Geruch ihres Menschen vermittelt Katzen Sicherheit. Legen Sie zum Beispiel ein getragenes T-Shirt auf den Platz, den Sie Kätzchen zugestehen.

Keine Zeit für Langeweile

Tägliche Spielrunden trainieren Fitness und Intelligenz des kleinen Vierbeiners, sind ein Schutzschild gegen Langeweile und zudem eine gute Gelegenheit, die Bindung zu seinem Menschen zu vertiefen.

ANREGUNG IST WICHTIG

Sie streifen umher, gehen auf die Jagd und setzen sich mit ihren Artgenossen auseinander: Frei laufende Katzen haben keinen Mangel an Abwechslung und Anregung – auch nicht an Aufregung, denn das freie Leben kann gefährlich sein. Wohnungskatzen dagegen führen zwar ein wohlbehütetes Leben, und doch droht ihnen eine große Gefahr, nämlich **Langeweile.** Sie ist ein Feind der natürlichen Katzen-Intelligenz, stumpft ab und macht aus kleinen Neugiernasen träge, mürrische Geschöpfe oder Wüteriche, die ihre ganze aufgestaute Energie in Zerstörungsorgien austoben. Bewahren Sie Ihr Kätzchen davor! Sie haben schon viel dazu beigetragen, wenn Sie sich für **zwei Kätzchen** entschieden haben. Der Artgenosse im Wohnungsrevier ist Kumpel und Konkurrenz, Sportskamerad und Sparringspartner. Und damit die beste Versicherung gegen Langeweile, wenn Sie tagsüber nicht daheim sind. Zwei Kätzchen werden aneinandergekuschelt Zeit verdösen, sich gegenseitig mit Spielkämpfen fit halten und auch mal ein bisschen Blödsinn anstellen. Ganz gleich, ob Sie ein Kätzchen halten oder zwei, ob die Tiere Freilauf haben oder nicht: Fördern Sie Samtpfötchens Lust am Spielen! So werden seine natürlichen Antriebe wach gehalten und Körper und Sinne trainiert. Außerdem ist Spielen ein hervorragendes Intelligenztraining für Katzen aller Altersstufen, auch für die gesetzten Damen und Herren im Pelz. Aber lassen Sie nicht nur spielen, sondern machen Sie mit: Das tut Zwei- und Vierbeinern gut und vertieft die Freundschaft.

Wohlfühlzeit in Portionen

Regelmäßige Spielrunden lassen sich auch dann in den Tagesablauf einbauen, wenn Sie wenig Zeit haben: Schließlich dauert eine Runde kaum länger als 10 bis 15 Minuten. Spielen Sie am besten, nachdem Kätzchen ausgeschlafen hat – vor den Mahlzeiten, bevor Sie morgens zur Arbeit gehen, wenn Sie von der Arbeit nach Hause kommen, vor dem Zubettgehen und je nach Lust und Laune. Und falls Ihr Kätzchen sich lieber kraulen lässt, als Bällchen oder Stoffmäusen hinterherzujagen, verkürzen Sie ruhig die Spielrunden zugunsten ausgiebiger Streichelsitzungen.

SCHMUSER ODER SPIELTEUFELCHEN?

Alle Kätzchen spielen gern – die einen wild, die anderen lassen es eher gemütlich angehen. Und wie steht's um Ihr Samtpfötchen?

	JA	NEIN
1. Mein Kätzchen war schon in der Kinderstube ein Temperamentsbündel.	1	4
2. Es spielt mit allem, was ihm zwischen die Pfoten kommt.	1	4
3. Es lässt sich zwar auf den Arm nehmen, will aber bald wieder herunter.	1	4
4. Es kann stundenlang auf meinem Schoß liegen.	4	1
5. Wenn ich den Boden fege, »verfolgt« es den Besen.	1	4
6. Bewegte Bilder im Fernsehen (Fußball, Tiersendungen etc.) betrachtet es nicht nur fasziniert, sondern nimmt gleich Kurs auf den Bildschirm.	1	4
7. Wenn ich zu Hause bin, hält es sich fast immer in meiner unmittelbaren Nähe auf.	4	1
8. Morgens werde ich von meinem Kätzchen mit ungeduldigem Maunzen geweckt.	1	4

Auflösung:

bis 8 Punkte: Ihr Kätzchen ist ein Temperamentsbündel und Spielteufelchen. Sorgen Sie für viel Beschäftigung, damit es sich nicht langweilt.
9 bis 23 Punkte: Ihr kleiner Tiger kann hingebungsvoll spielen, lässt es aber auch gern mal ruhiger angehen und genießt die Kuschelrunden mit Ihnen.
24 Punkte und mehr: Wenn Sie Ihr Kätzchen zum Spiel auffordern, geht es gern darauf ein. Spielen ist ja gut, schön und wichtig – aber Schmusen ist noch viel schöner.

BEI UNS IST ALLES PALETTI

Spielzeug, das fordert und fördert

Überraschungsbonbon
Klopapierrolle mit Löchern versehen und bemalen, Leckerlis einfüllen und die Seiten locker mit Papier verschließen. Fertig ist der Spielspaß.

Spielbeute
Am liebsten mag Kätzchen mausgroße Objekte.

Kork-Kette
Die Attraktion für Kätzchens Kratzbaum: eine selbst gebastelte Kette aus Korken.

Rausch-Kissen
Sie haben es in sich: In der Kissenfüllung steckt auch Katzenminze, die den Spieltrieb weckt.

6

Kickers Spaß
Leere Garnspulen lassen sich toll durch die Gegend kicken.

Rollendes Abenteuer
Ob aus Sisal, Papier oder gehäkelt: Bällchen eignen sich super zum Rollen, Dribbeln und Werfen.

Spinnentier
Aus Pfeifenreinigern lässt sich ganz schnell eine feine Spiel-Spinne basteln.

Katzenangel
Das Universal-Spielzeug für kleine Beutegreifer.

SPIELE, DIE KÄTZCHEN LIEBEN

Selbstverständlich spielt Ihr Kätzchen am liebsten mit seinen Artgenossen – und mit Ihnen. Aber es kann und sollte sich gelegentlich auch spielend allein amüsieren. Im Zoofachhandel gibt es eine ganze Reihe von Spiel- und Sportgeräten zu diesem Zweck: Spielschienen, Futterlabyrinthe, federnde Objekte, die an den Türrahmen gehängt werden, und anderes mehr.

Play 'n' Scratch: Bei diesem Klassiker geht es darum, einen Ball aus der »Umlaufbahn« herauszuangeln. Die meisten schaffen zwar nur, ihn im Kreis herumzujagen, aber mit der integrierten Kratzmatte und dem federnden Plüschball kommt so leicht kein Spielfrust auf.

Angeln mit den Pfoten: Das gehört zu den Lieblingsspielen aller Katzen. Auch hier ist der Hintergrund die Beutejagd – so manche Katze angelt sich das Mäuschen aus dem Mauseloch oder versucht es zumindest. Angeln unter dem schmalen Spalt des Kühlschranks ist ebenfalls beliebt, endet aber meist im Frust. Machen Sie es dem kleinen Angler leichter und stellen Sie ihm einen leeren Schuhkarton zur Verfügung, in den Sie mehrere Löcher geschnitten haben. Sie haben natürlich etwas hineingetan: einen kleinen Ball, eine Plüschmaus, ein paar Federn oder etwa Trockenfutter … Mal sehen, ob Kätzchen schlau genug ist, die Beute herauszuangeln. Eierkartons mit ihren Mulden eignen sich ebenfalls ausgezeichnet als kleines »Angel-Revier« (→ Seite 93).

Wasserspiele: Gehört Ihr Kätzchen vielleicht zu den – gar nicht so wenigen – Samtpfötchen, die eine heimliche Faszination für Wasser haben? Dann stellen Sie ihm doch mal eine Schale oder eine standfeste, nur halb gefüllte Glasvase mit Spielzeugfischen hin. Irgendwann landen die Fische auf dem Trockenen …

Fitnesscenter: Bestens beschäftigen kann sich Kätzchen auch in seinem persönlichen Fitnesscenter: dem Kratz- und Kletterbaum. Hängen Sie mal das eine oder andere Spielzeug dran: etwa Bällchen oder Mäuschen am Elastikband. Von Zeit zu Zeit austauschen!

Versteckspiel: Wahrscheinlich haben Sie Ihr Kätzchen schon mal überall gesucht und es dann im Kleiderschrank oder in der Ecke hinter dem Sofa wiedergefunden. Hin und wieder macht sich eben jede Katze gern unsichtbar. Ihr Tiger freut sich, wenn Sie ihm für solche Versteckspiele Kartons zur Verfügung stellen. Oder einen Spieltunnel. Und ist da nicht noch die Kommodenschublade, die immer ein bisschen offen steht?

Spielen macht Spaß! Ganz besonders, wenn die »Superkatze« Mensch mitmacht.

Gemeinsam spielen

Allein spielen ist gut, zu zweit macht es aber noch mehr Spaß. Wenn Sie sich für den »Doppelpack« entschieden haben sollten, können Sie die beiden beim Sportprogramm bewundern: Gegenseitiges Beschleichen, Belauern, spielerische Attacken, übereinanderpurzeln – und nach wilden Verfolgungsjagden ruht man friedlich Seite an Seite …

Auch wenn Sie für wilde Jagden und Kampfspiele bei Weitem nicht so geeignet sind wie ein Artgenosse: Als Spielpartner sind Sie für Ihr Kätzchen oder auch für beide Kätzchen die absolute Nummer 1! Samtpfötchen genießt die Zuwendung und fühlt sich bei Spiel- und Kuschelrunden (denn die gehören dazu) als Revierboss und glückliches Katzenkind zugleich. Genießen Sie also die Gelegenheit, Kätzchens Künste und Talente zu bewundern. Die sind nämlich gar nicht ohne.

»Pfotball«: Nichts gegen Ronaldo, Messi, Neymar oder wie sie alle heißen – aber auch Ihr Kätzchen ist ein Superkicker – und ein großartiger Torwart! Lassen Sie Bällchen rollen – gern solche mit knisterndem Innenleben. Oder werfen Sie hüpfende Vollgummibällchen: Ihr Kätzchen kriegt nahezu jedes. Leichte Objekte wie Plüschbällchen, Papierknäuel oder Korken fängt es locker im Flug – vielleicht apportiert es sie sogar, damit das Spiel von Neuem beginnen kann. Ballspiele sind übrigens eine gute Gelegenheit, auf Augenhöhe zu gehen: Bleiben Sie also ruhig auf dem Teppich, wenn Sie mit dem kleinen Tiger spielen!

Verfolgungsjagd: Binden Sie ein Plüschmäuschen an eine lange Schnur oder ziehen Sie die geliebte Katzenangel

Oben: Die Spielschiene verlangt dem Kätzchen Kombinationsgabe ab.
Unten: Den Sisaltunnel kann Kätzchen für verschiedene Aktionen nutzen.

hinter sich her. Wechseln Sie häufiger das Tempo, vielleicht lassen Sie die Beute auch über verschiedene Hindernisse »laufen«. Oder Sie stellen sich hin und bewegen die Angel in verschiedene Richtungen. Wenn Sie mit dem Tigerchen auf Augenhöhe sein wollen, lassen Sie sich auf dem Boden nieder und bewegen einen Federwedel in alle Richtungen oder schwingen ihn durch die Luft und lassen Ihr Kätzchen danach tatzeln. Ganz wichtig: Gönnen Sie Ihrem Kätzchen viel Jagderfolg und lassen Sie sich öfter mal die Beute abnehmen.
Lichtspiele: Viele Katzen sind fasziniert von Lichteffekten. Sie haschen gern nach dem Reflex einer Armbanduhr im Sonnenlicht oder dem Strahl einer Taschenlampe. Oder sie jagen den Lichtpunkt eines Laserpointers. Bitte Vorsicht walten lassen und niemals in die Augen leuchten!

Auf Dauer ist die Lichtjagd natürlich unbefriedigend für unsere Tiger, weil sie nicht wirklich auf etwas zugreifen können und so das echte Erfolgserlebnis fehlt. Trotzdem kann Ihr Kätzchen Spaß damit haben – beenden Sie die Lichtspielrunde einfach jedes Mal mit einem Belohnungshäppchen oder einem beliebten Spiel.

VORLIEBEN UND ABNEIGUNGEN

Katzen – und selbstverständlich auch Kätzchen – sind Individualisten. Kein Wunder, dass sie auch beim Spielen oft ein ganz unterschiedliches Verhalten zeigen. Trotzdem gibt es ein paar Vorlieben und Abneigungen, die von den meisten Samtpfötchen geteilt werden. Etwa beim Spielzeug. Hier gilt: Klein ist fein!
Und klein bedeutet: Alles was nicht größer ist als eine Maus. **Größere Objekte** sind erst mal beunruhigend und müssen vom Kätzchen sorgfältig untersucht und begutachtet werden, bevor es sie als unbedenkliche Spielbeute einstuft. Gehen Sie also mit dem neu gekauften Plüschmonster nicht gleich auf das Tigerchen los, sondern legen Sie es ihm erst einmal zum ausgiebigen Beschnuppern hin.
Die meisten Katzen schätzen es übrigens gar nicht, wenn sich die Spielbeute direkt auf sie zubewegt. So steht's nun einmal im kollektiven Katzengedächtnis: Beute läuft weg oder versteckt sich – was dagegen auf den Jäger zuläuft, ist auf Angriff gepolt. Und wenn der »Angreifer« dann auch noch so riesig ist, halten sich nicht nur von Natur aus schüchterne Tigerchen erst einmal vornehm zurück.
Werfen Sie also lieber nicht mit großen (Plüsch-)Tieren um sich und lassen Sie die

> **Eltern-TIPP**
>
> **Das Katzenspiel**
> Manchmal wirkt ein Kind ungewollt bedrohlich auf das Kätzchen. Ein Spiel verdeutlicht dies Ihrem Nachwuchs: Lassen Sie Ihr Kind die Katzenperspektive einnehmen – auf allen vieren auf dem Boden. Rennen Sie direkt auf Ihr Kind zu. Es wird instinktiv zurückweichen und braucht keine Erklärungen, wie bedrohlich allzu stürmische Begeisterung auf das Kätzchen wirken kann.

So macht Spielen Spaß: Katzen- und Menschenkind agieren auf Augenhöhe.

kleinen eher vom Kätzchen weg- oder seitlich vorbei-»laufen«.
Sosehr unsere Samtpfoten Verfolgungsspiele mit Katzenangel und Stoffmaus lieben, so wenig schätzen sie es, wenn sie selbst verfolgt werden, auch wenn das nur in spielerischer Absicht geschieht. Sehen Sie also von »**Nachlaufspielen**« ab und lassen Sie das auch Ihre Kinder wissen. Wie schon gesagt – Katzen sind Individualisten. Und manch ein Tigerchen findet an einem **Spielkämpfchen** doch Gefallen. Achten Sie bei solchen Aktivitäten auf Ihre Hände (am besten Handschuhe tragen!) und natürlich auch auf Ihr Kätzchen: Beenden Sie solch ein Spiel bei den ersten Anzeichen von Unmut, spätestens aber, wenn die Ohren anfangen, sich seitwärts zu drehen. Kätzchen, die sich gern mal von der kämpferischen Seite zeigen, können recht schnell auch etwas mit größeren Spielobjekten anfangen: Nach gründlicher Begutachtung fangen sie an, die Plüschmonster fröhlich zu vermöbeln. Ausgestopfte Socken, zusammengeknotete ausgediente Strumpfhosen und anderes textiles »Gelump« eignen sich ebenfalls gut für eine Rolle als Prügelknabe und werden noch attraktiver, wenn sie nach **Katzenminze oder Baldrian** duften. Damit Letzteres für Menschennasen nicht gar zu aufdringlich wird, empfiehlt es sich, die Spielzeuge mehrere Stunden in ein großes Schraubglas mit getrocknetem Baldrian zu geben. Für Katzennasen duften sie dann genau richtig.

Auf Entdeckertour: Rund ums Spielen

Kunststücke vorführen

Zugegeben, das Vorführen von Kunststücken ist eher Hundeart. Aber so manches Kätzchen hat auch mal Spaß daran, vor Publikum zu glänzen. Beliebte kleine Kunststücke sind zum Beispiel: auf ein Zeichen hin Pfötchen zu geben, über ein schmales Brett zu balancieren oder durch einen Reifen zu springen. Üben Sie ohne Zwang mit Ihrem kleinen Künstler und nur mit positiver Verstärkung. Wenn Kätzchen etwas richtig macht, gibt's Lob und Belohnung. Fehler dagegen werden konsequent ignoriert.

Spielend lernen per Clicker

Stellen Sie sich vor, Ihr Kätzchen steigt freiwillig in den Transportkorb, wenn es zum Tierarzt geht, oder setzt sich zum Bürsten auf den dafür bestimmten Platz. Clickertraining heißt das Zauberwort! Mithilfe des Clickers – einer Art Knackfrosch aus dem Zoofachhandel – können Sie dem Samtpfötchen in kleinen Schritten »verklickern«, was es in einer bestimmten Situation tun soll. Die Grundidee: Sobald das Kätzchen erwünschtes Verhalten zeigt, ertönt der Clicker, und Sekunden später bekommt es eine Belohnung in Form eines Leckerlis.

Auf Entdeckertour

Kein leichter Fall
In jedem Kätzchen steckt auch ein Detektiv. Und der braucht von Zeit zu Zeit einen Fall. Hier zum Beispiel gilt es zu kombinieren: Wo ist das Leckerchen versteckt? Und wie lässt es sich dingfest machen? Hier ist neben Köpfchen auch Pfötchen gefragt. Keine Sorge: Der kleine Inspektor wird das Hindernis schon wegräumen.

Katzentrainer
Ist Ihr Kind schon ein bisschen älter, hat viel Geduld und ein wenig Ehrgeiz? Dann hat es vielleicht auch Spaß daran, mit dem Kätzchen Clickertraining zu machen oder Kunststücke einzuüben. Wichtig ist, dass es Kätzchens Spielregeln achtet: Trainiert wird nur, solange Kätzchen Lust dazu hat, Erfolge werden belohnt, Fehler ignoriert. Und vergessen Sie nicht, auch Ihr Kind tüchtig zu loben, wenn es als Trainer Erfolg hat.

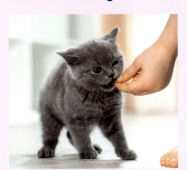

Spielen und Wohnen
Gelegenheit macht Spielspaß: Der Kratz- und Kletterbaum hat außer einer feinen Wohnhöhle sogar angehängtes Spielzeug zu bieten. Nutzt Kätzchen auch solche Beschäftigungsangebote? Für die meisten Kätzchen wäre die Antwort ein klares »Ja«. Sie amüsieren sich gern mal allein. Aber nicht immer. Als Spielpartner und »Spielmanager« ist die »Superkatze« Mensch einfach unverzichtbar.

Register

Die **halbfett** gesetzten Seitenzahlen verweisen auf Abbildungen. U = Umschlag, UK = Umschlagklappen

A

Abessinier 36, **36**
Abneigungen 134
Aggressivität 58
Akupressur 116
Akupunktur 116
Alter 8
Angriff 127
Angst 56
Ankunft daheim 18, 50
Anstarren 43
Appetitlosigkeit 96, 106
Aufpäppeln 87
Augen 28, 46, 100, 101, 104
    -pflege 104, **104**
    -probleme 106
    –, Tränende 100
Augentropfen verabreichen 113, **113**
Aujeszkysche Krankheit 91, 109
Aussichtsplätze 67
Ausstattung 64

B

Bachblüten-Therapie 116
Baden 103
Baldrian 30, 135
Balgerei 33, **33**
Balkon 68, **68**
    – sichern 68, 72
Ballaststoffe 86
Barfen 91
Bauernhof-Kätzchen 8
Belohnen 57, 123
Bengal 37, **37**
Beschäftigung 128–137
Betteln 124
Beute 67

Beutespiel 25, 132
Bindehautentzündung 100, 106
Birma 37, **37**
Blickkontakt 43, 44
Borreliose 111
Britisch Kurzhaar 36, **36**
Burma 37, **37**
Bürsten **100**, 101

C

Chemische Substanzen 69
Clickertraining 136, **136**

D

Deckung 66
Desinfektion 79
Drahtbürste 65
Drohen 43, **44**
Drohgesang 47
Drohgesten 44, **44**, 46
Duft
    - drüsen 33
    - kontrolle 44
    - signale 30, 48
    - sprache 48
    - stoffe 44
Durchfall 106

E

Einfühlungsvermögen 54
Eingewöhnung 50–53
Einsperren 72
Einstreu 78, 79
Ekzeme 111
Entfilzungskamm 65
Entwicklung 26, **27**
Erbgut 23, 34, 58
Erbrechen 106
Erkundungsverhalten 58
Erleichterungsspiel 25
Ernährung 8, 81–97
Erziehung 122–127, **123**
Europäisch Kurzhaar 36, **36**

F

Farben sehen 28, 31
Fauchen 47, 48
Felidae 22
Felis silvestris lybica 22
Fell 24, 78, 101
    -kontrolle 113, **113**
    -pflege 32, **79**, 101, **103**, 105
Fensterbank 69
Fenstersicherung 72
Fertigfutter 87
Festhalten 19, **19**
Fieber messen 112, **112**
FIP 108
FIV 109
Fleisch 82, **83**
    –, Rohes 91
Flöhe 102, 110
Freigehege 73
Freilauf 42, 72, 74
Frühkastration 115
Fühlen 30
Futter 81–97
    -bedarf 86
    -angebot 90, 94
    -automaten 95
    -menge 32, 94
    -napf 78
    -neid 92, **92**
    -platz 64
    –, Schädliches 90
    – selbst zubereiten 91
    -sorten **88**, **89**
    –, Spezial- 87
    –, Trocken- **85**, 90
    -umstellung 94
Fütterungszeit 94

G

Gähnen 61
Gartenrevier 25
Gebiss 24, 82, 100, 103
Gefahren 69, 72

Register

Gehemmtes Spiel 25
Gerüche tilgen 57
Geruchssinn 29, 31
Geschmacksknospen 29, 34
Geschmackssinn 29
Gesichtsfeld 28
Gesichtspflege 105, **105**
Gesundheits-Check 16, 100, 101
Gewicht 8, 26, 96
Gleichgewichtssinn 31
Gruppengeruch 48
Gurren 47

H
Haarballen 86
Haarlinge 111
Handgriffe im Krankheitsfall 112
Hausapotheke **118**, 119
Hautdrüsen 48
Heimtiere, andere 11, 51
Herbeikommen 76
Hochheben 19, **19**
Homöopathie 116
Hören 29, 31
Husten 106
Hygiene 78

I/J
Immunsystem 106, 110
Impfplan 109
Impfungen 106, 107
Imponiergehabe 44, **44**
Infektionskrankheiten 107
Intelligenzspielzeug 137, **137**
Jacobsonsches Organ 30
Jagen 22, 24, 82

K
Kämmen 102
Kampf 43, 47
Kartäuser 37, **37**
Kastration 114, 115

Kätzchen
– und andere Heimtiere 11, **11**, 52, 72
– und Kind 8, 15
–, Zwei 16, 51, 77, 128
Katze
–, Ältere 52
–, Frei laufende 42
Katzen
– aneinander gewöhnen 51
-brunnen 64
-haare 78
-klappe 73, **74**, 75
-klo 52, 64, 78, 79
-leukose 108
-milch 86
-minze 30, 135
-schnupfen 108
-schutznetz 68
-seuche 107
-sprache 45, 61
-wäsche 27
-zucht 24
Kind und Kätzchen 8, **15**
Kippfenster 69
Kletterbaum 64
Knurren 47
Kohlenhydrate 84
Kommunikation 42
Köpfchen geben 61
Körperpflege 100
Körpersprache 46
Körpertemperatur 8
Kosten 13
Kot 48, 101
Krallen 25, 33, 103
 -pflege 103
 -wetzen 48, 60, 67, 75, 127
Krankheiten 106–111
Krankheitsanzeichen 106
Kratzbaum 64
Kratzbrett 75
Kratzen 60, 64, 33, 107
Kräuter 69, 117

Kunststücke 136, **136**
Kurzhaarkatzen 102

L
Langeweile 59, 128
Langhaarkatzen 102
Läuse 111
Lautsprache 47
Lebenserwartung 8
Leckerbissen **86**, 90, 92
Lieblingsplätze 76, **76**
Loben 57, 123

M
Magenverstimmung 96
Magnetfeldtherapie 117
Maine Coon 38, **38**
Malzpaste 87
Markieren 25, 48, **48**
Massage 105
Medizin sanfte 116
Milch **85**, 86
 -gebiss 27
 -zähne 26
 -zucker 86
Mimik 47
Mineralstoffe 85

N
Nahrung 81–97
Nahrungsbedarf 86
Nase 29, 101
Nasenspiegel 34
Nassfutter 9
Naturheilmittel 117, **117**
Neugierde 51, 77
Nickhautvorfall 107
Noppenbürste 65
Noppenhandschuh 65, 102, 105, **105**
Norwegische Waldkatze 38, **38**
Notfalltropfen 116
Nubische Falbkatze 22

139

O

Ohren 30, 45, 100, 104
  -pflege 104, **104**
Ohrentropfen verabreichen
  112, **112**
Ohrmilben 100, 111
Ohrmuscheln 22, 29, **30**,
  45, 100, 104
Ortssinn 34

P

Perser 38, **38**, 110
Persönlichkeit 10
Pflanzen 70
  –, Giftige 66
  –, Unbedenkliche 66, **70**, 71
Pflege 100–105
  -ansprüche 35
  -Handgriffe 104
  -plan **UK** hinten
  -Ritual 102
  -trieb 26
  -utensilien 65
Pfoten 24
Pilzinfektionen 110
Plaudern 47
Prägephase 8, 27, 122
Probleme 56
Protein 84
Pupillen 29
Putzen 32, **32**

R

Ragdoll 39, **39**
Rassen 35
  -merkmale 35
Räude 111
Reiki 117
Revier 25, 55, 66, 67
  – abstecken 48
  -markierung 48
Riechen 29
Rohfütterung 91

Rolligkeit 114
Ruheplätze 66

S

Scheues Kätzchen 56
Schlafen 10, 32, **32**, 67
Schlafplatz 10, 64
Schmecken 29
Schnurren 48
Schnurrhaare **34**, 46
Schonkost 96
Schwanz 45, **46**, 73
Sexualtrieb 114
Siam 39, **39**
Sibirische Waldkatze 38, **38**
Singapura 39, **39**
Sinn für Süßes 31
Sinneshaare 30
Skelett 24
Sozialverhalten 27, 30
Speiseröhre 82
Spiele 132
Spielen **12**, **17**, 132, **132**, 133,
  135, 136, **136**, 137, **137**
Spielzeug 65, 79, **130**, **131**
Spurenelemente 86
Stehlen 124
Stellreflex 27, 31
Strafen 123
Streicheln 57
Stubenreinheit 124

T

Tabletten eingeben 113, **113**
Tabuzonen 68, 74, 125, 126
Tagesrhythmus **UK** vorne
Tapetum lucidum 29
Tasten 30, 31
Tasthaare 30
Tastsinn 31
Temperament 15
Tierarzt 107
Tollwut 108
Toxoplasmose 79, 91, 111

Trächtigkeit 26
Tragen 19, **19**
Transport 18
  -box **18**, 106, **106**
Treteln 61
Trinknapf 78
Trockenfutter **85**, 90
TTouch 117
Türkisch Angora 39, **39**

U

Übergewicht 97
Umgangsregeln 43
Unsauberkeit 59
Urlaub 14, **14**

V

Verbote 75, 126
Verhaltensänderung 107
Verhaltenstest 129
Verstecken **65**, 132
Verstopfung 107
Vertrauen 50, 54, 55
Vibrissen 30
Vitamine 85, 91
Vollwertkost 82
Vorfahren 22
Vorlieben 134

W

Wasser 84, 90
Wesen 42
Wiegen 96
Wurfgeschwister **16**, 18
Würmer 110

Z

Zähne 24, 82, 101, 103
Zahnfleischentzündung 101
Zahnstein 90, 101
Zecken 111
Zimmerbrunnen **66**
Zucht 24, 35
Zwei Kätzchen 16, 51, 77, 128

Adressen und Literatur

Verbände/Vereine

Fédération Internationale Féline (FIFe), L-2015 Luxembourg, www.fifeweb.org

Deutsche Edelkatze e. V., Geisbergstr.2, 45139 Essen, www.deutsche-edelkatze.de

1. Deutscher Edelkatzenzüchter-Verband e. V. (1. DEKZV e.V.), Mühlweg 4, 35614 Aßlar, www.dekzv.de

Deutsche Rassekatzen-Union e. V. (D.R.U.), Geschäftsstelle: Hauptstr. 21, 56814 Landkern, www.dru.de

Fédération Féline Helvétique (FFH), Alfred Wittich (Präsident), Büntacher 22, CH-5626 Hermetschwil, www.ffh.ch

Österreichischer Verband für die Zucht und Haltung von Edelkatzen (ÖVEK), Liechtensteinstr. 126, A-1090 Wien, www.oevek.org

Deutscher Tierschutzbund e. V., Baumschulallee 15, 53115 Bonn, www.tierschutzbund.de

Schweizer Tierschutz (STS), Dornacherstr. 101, CH-4018 Basel, www.tierschutz.com,

Österreichischer Tierschutzverein, Berlagasse 36, A-1210 Wien, Tel. 0043/1/897 33 4, www.tierschutzverein.at

Tierärztliche Vereinigung für Tierschutz e. V. (TVT), Geschäftsstelle: Bramscher Allee 5, 49565 Bramsche, www.tierschutz-tvt.de

Industrieverband Heimtierbedarf (IVH) e. V., Emanuel-Leutze-Str. 1b, 40547 Düsseldorf, www.ivh-online.de

Forschungskreis Heimtiere in der Gesellschaft, Postfach 110728, 28087 Bremen, www.mensch-heimtier.de

Fragen zur Haltung von Katzen beantworten Ihr Zoofachhändler und der Zentralverband Zoologischer Fachbetriebe Deutschlands e. V. (ZZF), www.zzf.de; Online-Portal des ZZF: www.my-pet.org, Tel. 0611/44755332 (Mo 12-16 Uhr, Do 8-12 Uhr)

Urlaubs-Beratungsservice des Deutschen Tierschutzbundes, Tel. 0228/6049627, Mo-Do 10-18 Uhr, Fr 10-16 Uhr

Registrierung von Katzen

Deutsches Haustierregister, Deutscher Tierschutzbund e. V., Baumschulallee 15, 53115 Bonn, www.deutsches-haustierregister.de

TASSO e. V., Abt. Haustierzentralregister, 65784 Hattersheim, Tel. 06190/937300, www.tasso.net, E-Mail: info@tasso.net

Internationale Zentrale Tierregistrierung (IFTA), Nördliche Ringstr. 10, 91126 Schwabach, Tel. 00800/ 43820000 (kostenlos), www.tierregistrierung.de

Tier-Krankenversicherung

Uelzener Versicherungen, PF 2163, 29511 Uelzen, www.uelzener.de

AGILA Haustierversicherung AG, Breite Str. 6-8, 30159 Hannover, www.agila.de

Allianz, Königinstr. 28, 80802 München, www.katzeundhund.allianz.de

Katzen im Internet

www.edelkatze.de Rassekatzen
www.schmusekatzen.de Infos und Tipps
www.welt-der-katzen.de Rassen, Praxis

www.katzen.de Aufzucht, Erziehung und Haltung
www.miau.de Service mit Tipps für den Katzenalltag
www.katzenfummelbrett.ch Beschäftigung
www.netz-katzen.de Forum und Infos
www.mietzmietz.de Vermittlung, Forum
www.skamper-ramp.com Ausstiegshilfen für Pools
www.tierklinik.de Portal Tiermedizin
www.katzenpension.de Tierpensionen
www.katzenportal.net Medizin
www.botanicus.de Informationen über giftige Pflanzen
www.giftpflanzen.de Informationen über giftige Pflanzen

Bücher

Brunner, Dr. David/Stall, Sam: **Die Katze. Inbetriebnahme, Wartung und Instandhaltung.** Sanssouci, München

Leyhausen, Paul: **Katzenseele.** Franckh-Kosmos-Verlag, Stuttgart

Linke-Grün, Gabriele: **Wohnungskatzen.** Gräfe und Unzer Verlag, München

Ludwig, Gerd: **Praxishandbuch Katzen.** Gräfe und Unzer Verlag, München

Pfleiderer, Dr. Mircea/Rödder, Birgit: **Was Katzen wirklich wollen.** Gräfe und Unzer Verlag, München

Rüssel, Katja: **Katzen-Clickertraining.** Gräfe und Unzer Verlag, München

Turner, Dr. Dennis C.: **Turners Katzenbuch. Wie Katzen sind, was Katzen wollen.** Franckh-Kosmos-Verlag, Stuttgart

Zeitschriften

Geliebte Katze. Ein Herz für Tiere, Media GmbH, Ismaning, www.herz-fuer-tiere.de

our cats. Minerva Verlag. Mönchengladbach

die edelkatze. Verbandszeitschrift des 1. Deutschen Edelkatzenzüchter-Verbands

katzen. Zeitschrift der Deutschen Rassekatzen-Union

Dank

Mein herzlicher Dank gilt dem Verlag für die höchst erfreuliche Zusammenarbeit. Ganz besonders möchte ich neben Anita Zellner meiner Lektorin Gabriele Linke-Grün danken: für ihre Geduld und Nervenstärke ebenso wie für die sensiblen Textkürzungen und guten Ideen. Ein weiterer Dank geht an meinen Lebensgefährten Jürgen Römer, der mich vor allem mit seinen Kochkünsten bestens unterstützt und entlastet hat. Bei den Samtpfoten Takumi und Calypso bedanke ich mich für ihre Inspiration.

Wichtige Hinweise

Die Haltungsempfehlungen und Haltungstipps in diesem Buch beziehen sich auf gesunde, normal entwickelte Jungtiere aus liebevoller Privathaltung oder guter Zucht. Sie sollten das Kätzchen in seiner bisherigen Umgebung kennenlernen. Schutzimpfungen und Entwurmungen sind notwendig, um die Gesundheit von Mensch und Tier nicht zu gefährden. Einige Infektionskrankheiten und Parasiten sind auf den Menschen übertragbar. Achten Sie auf Hygiene und gehen Sie im Zweifelsfall unbedingt zum Arzt. Menschen mit Katzenhaar-Allergie sollten vor der Anschaffung einer Katze ihren Arzt fragen.

Die werden Sie auch lieben.

ISBN 978-3-8338-3592-6

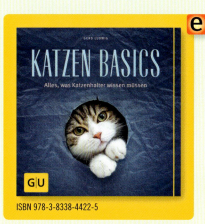
ISBN 978-3-8338-4422-5

ISBN 978-3-8338-4219-1

ISBN 978-3-8338-3635-0

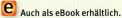 Auch als eBook erhältlich.

ISBN 978-3-8338-2410-4

ISBN 978-3-8338-6132-7

Mehr von GU auf **www.gu.de** und
 facebook.com/gu.verlag

G|U

Willkommen im Leben.

Impressum

Der Fotograf

OLIVER GIEL hat sich zusammen mit Eva Scherer auf die Bildproduktion von Tier- und Naturthemen spezialisiert. Ihre Arbeiten kommen neben Büchern auch in Zeitschriften, Kalendern und der Werbung zum Einsatz. Ein umfangreiches Bildarchiv und weitere Informationen gibt es unter: www.tierfotograf.com
Alle Motive in diesem Buch stammen von **Oliver Giel**, mit Ausnahme von:
animals digital: 39_4; **Corbis:** 37_2; **f1 online:** 39_3; **getty images:** 36_3, 38_1, 38_3; **istockphoto:** 38_4, 39_1; **mauritius images:** 24; **plainpicture:** U1 (Cover); **Shotshop.com:** 37_4; **shutterstock/colors:** U8 (Hintergrundstruktur); **Trio Bildarchiv:** 38_5; **Mat Kovacic** (7mp.de): Illustrationen 32, 54, 76, 92, 136

© 2015 GRÄFE UND UNZER VERLAG GmbH, München

Alle Rechte vorbehalten. Nachdruck, auch auszugsweise, sowie Verbreitung durch Film, Funk, Fernsehen und Internet, durch fotomechanische Wiedergabe, Tonträger und Datenverarbeitungssysteme jeder Art nur mit schriftlicher Genehmigung des Verlages.

Projektleitung: Anita Zellner
Lektorat: Gabriele Linke-Grün
Bildredaktion: Elke Dollinger, Petra Ender (Cover)
Umschlaggestaltung und Layout: independent Medien-Design, Horst Moser, München
Herstellung: Martina Koralewska
Satz: Ludger Vorfeld
Repro: Longo AG, Bozen
Druck und Bindung:
F+W Druck- und Mediencenter, Kienberg

Printed in Germany

ISBN 978-3-8338-4636-6

1. Auflage 2015

Syndication:
www.jalag-syndication.de

Umwelthinweis:
Dieses Buch ist auf PEFC-zertifiziertem Papier aus nachhaltiger Waldwirtschaft gedruckt.

Liebe Leserin, lieber Leser,
haben wir Ihre Erwartungen erfüllt? Sind Sie mit diesem Buch zufrieden? Haben Sie weitere Fragen zu diesem Thema? Wir freuen uns auf Ihre Rückmeldung, auf Lob, Kritik und Anregungen, damit wir für Sie immer besser werden können.

GRÄFE UND UNZER Verlag
Leserservice
Postfach 86 03 13
81630 München
E-Mail:
leserservice@graefe-und-unzer.de

Telefon: 00800 / 72 37 33 33*
Telefax: 00800 / 50 12 05 44*
Mo–Do: 8.00–18.00 Uhr
Fr: 8.00–16.00 Uhr
(* gebührenfrei in D, A, CH)

Ihr GRÄFE UND UNZER Verlag
Der erste Ratgeberverlag – seit 1722.

Gedruckt auf Galaxi Supermat, exklusiv bei der Papier Union.

 www.facebook.com/gu.verlag

Die **GU-Homepage** finden Sie im Internet unter **www.gu.de**

Ein Unternehmen der
GANSKE VERLAGSGRUPPE